DÉPOT DES CARTES ET PLANS DE LA MARINE.

N° 427.

INSTRUCTIONS NAUTIQUES

SUR LA

NOUVELLE-CALÉDONIE.

N° 427.

INSTRUCTIONS NAUTIQUES

SUR LA

NOUVELLE-CALÉDONIE.

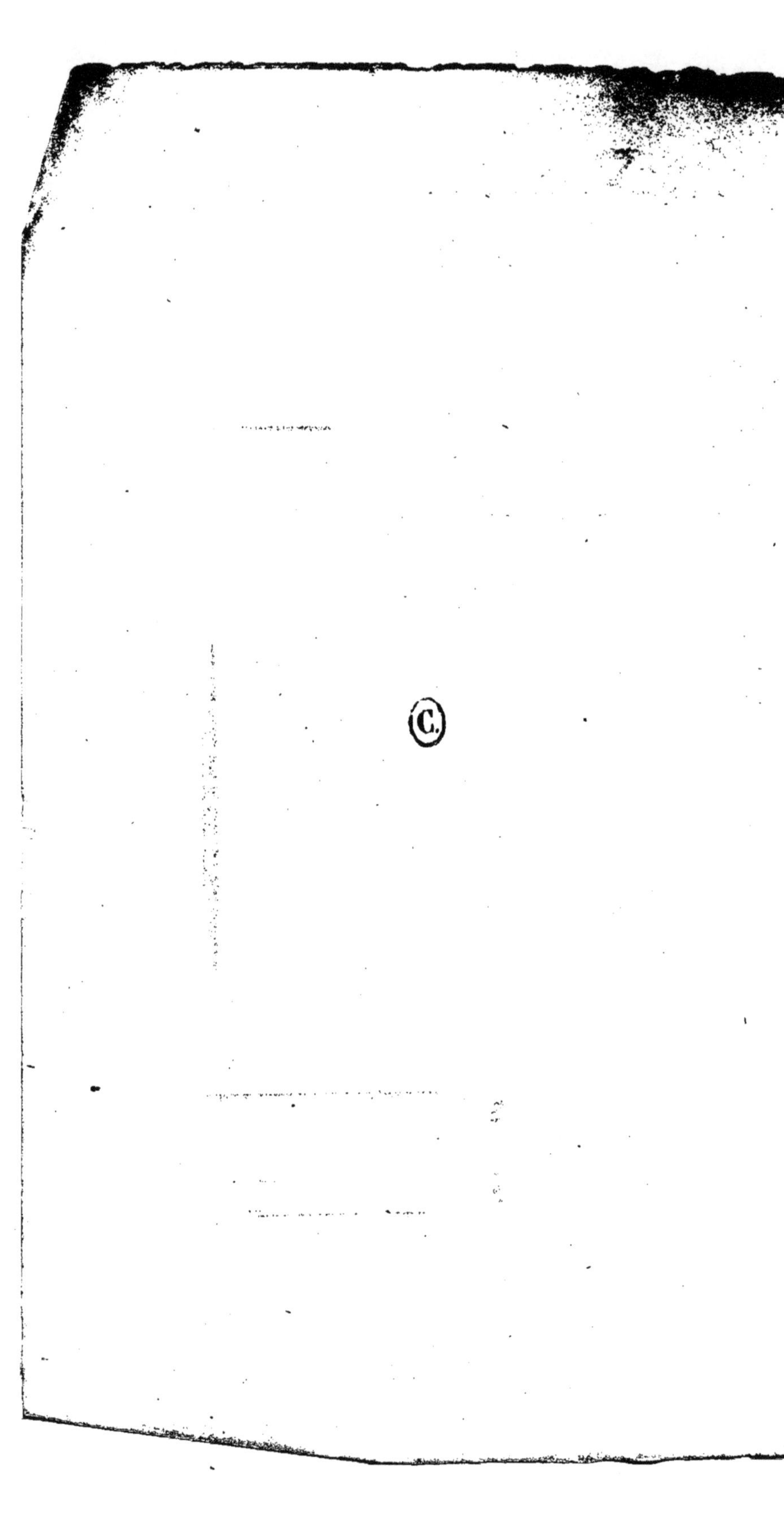

INSTRUCTIONS NAUTIQUES

SUR LA

NOUVELLE-CALÉDONIE

PAR

MM. DE MONTRAVEL, GRIMOULT ET JOUAN

POUR ÊTRE INSÉRÉES DANS LE TRAVAIL

DE

M. CHAMBEYRON

lieutenant de vaisseau

PUBLIÉ

SOUS LE MINISTÈRE DE S. EXC. M. L'AMIRAL RIGAULT DE GENOUILLY,

sénateur, ministre secrétaire d'État au département de la marine et des colonies.

PARIS

TYPOGRAPHIE DE AD. LAINÉ ET J. HAVARD

RUE DES SAINTS-PÈRES, 19

1867

AVIS AU RELIEUR

POUR LE PLACEMENT DES CARTES.

TABLE DES CHAPITRES.

CHAPITRE PREMIER.

CHAPITRE II.

CHAPITRE III.

AVERTISSEMENT.

Afin d'éviter des recherches aux capitaines des bâtiments, nous plaçons en tête de ce routier, par ordre chronologique, la liste des cartes générales ou particulières et des plans qui ont été publiés jusqu'en juin 1866 sur la Nouvelle-Calédonie. Pour éviter un double emploi, nous n'avons pas mentionné dans cette liste quelques plans qui, après une première publication, ont été remplacés au Dépôt de la Marine par des travaux plus récents et plus complets.

NUMÉROS.	DÉSIGNATION DES CARTES ET PLANS.	DATE de publication.	DATE de la dernière correction.
1198	Port de Yenghen................... $\frac{1}{8}$ de feuille. (Roubet et Brosset.)	1849	
1209	Port de Puebo..................... $\frac{1}{4}$ de feuille. (Roubet et Millet.)	1849	
1536	Havre de Balade................... $\frac{1}{2}$ feuille. (De Freycinet et Pontillon.)	1856	
1537	Port de Kanala.................... $\frac{1}{4}$ de feuille. (Tardy de Montravel.)	»	1863
1766	Croquis de la baie d'Uvéa (Iles Loyalty). $\frac{1}{4}$ de feuille. (Serindon de Lasalle.)	1858	
1819	Ports de la passe Havannah......... $\frac{1}{2}$ feuille. (Bouquet de la Grye.)	1859	
1820	Baie du Prony...................... (Debrun.)	1860	
1823	Port de Vao et partie Sud de l'île des Pins........... (Bouquet de la Grye.)	»	

NUMÉROS.	DÉSIGNATION DES CARTES ET PLANS.	DATE de publication.	DATE de la dernière correction.
1824	Carte de Kunie (Île des Pins)..................... (Bouquet de la Grye.)	»	
1845	Ile Uen et canal Woodin........... $\frac{1}{2}$ feuille. (Bouquet de la Grye.)	»	
1856	Partie comprise entre Kunie et la grande terre..... (Bouquet de la Grye.)	»	
1894	Partie comprise entre l'île Uen et Numéa.......... (Bouquet de la Grye.)	1861	1862
1905	Partie comprise entre Numéa et Saint-Vincent...... (Bouquet de la Grye.)	»	
1915	Nouvelle-Calédonie, 1re feuille, partie Sud........ (Bouquet de la Grye.)	»	1863
1921	Nouvelle-Calédonie, 4e feuille, partie Nord........ (Bouquet de la Grye.)	»	
1939	Port-de-France (Numéa), Dumbéa................ (Bouquet de la Grye.)	1862	
1946	Nouvelle-Calédonie, 3e feuille, côte Ouest......... (Bouquet de la Grye.)	»	
1949	Côte Ouest, partie comprise entre Uitoë et Uraï.... (Moziman et Quernel.)	»	
1957	Nouvelle-Calédonie, 2e feuille, côte Ouest......... (Bouquet de la Grye.)	»	1863
1960	Nouvelle-Calédonie, carte générale............... (Bouquet de la Grye.)	»	1863
2036	Baies de Kuakue et de Uinné.......... $\frac{1}{2}$ feuille. (Chambeyron.)	1863	1864
2038	Nouvelle-Calédonie, îles Loyalty et partie Sud des Nouvelles-Hébrides..................... (Bouquet de la Grye et H. Denham.)	»	
2044	Passages de Mamere.................. $\frac{1}{2}$ feuille. (Chambeyron.)	»	1865
2256	Baie de Saint-Vincent.............. .... (Chambeyron et Banaré.)	1865	

PLANS ET CARTES PARTICULIÈRES.

AVIS IMPORTANT.

Les routes, les relèvements, etc., sont rapportés au méridien *vrai*.

Les distances sont exprimées en milles marins de 60 pour un degré de latitude.

On a donné aux vents la direction de laquelle ils soufflent, et aux courants celles vers lesquelles ils portent.

INSTRUCTIONS NAUTIQUES

SUR LA

NOUVELLE-CALÉDONIE.

CHAPITRE PREMIER.

HISTORIQUE DE LA DÉCOUVERTE. — ASPECT. — CLIMAT. — VENTS. — COURANTS ET ATTERRAGES. — TRAVERSÉES ENTRE L'AUSTRALIE ET LA CALÉDONIE.

HISTORIQUE DE LA DÉCOUVERTE. — La Nouvelle-Calédonie, l'île la plus considérable de l'Océan Pacifique, si l'on en excepte la Nouvelle-Zélande, fut découverte le 4 septembre 1774 par le célèbre navigateur Cook. La première terre aperçue fut le massif de montagnes qui domine le cap Colnett, pointe remarquable qui reçut le nom du volontaire qui la signala. Après avoir croisé quelques jours devant l'île, et reconnu l'**île d'un seul arbre** (île Pin), île plate, remarquable par un sapin gigantesque qui existe encore aujourd'hui, les deux bâtiments de l'expédition, *Adventure* et *Résolution*, traversèrent la chaîne du grand récif et vinrent mouiller près de l'îlot de sable Pudiuïé (1), au Nord de Balade. Des rela-

---

(1) L'*u* se prononçant *ou* dans tous les mots où il est employé, Pudiuïé se prononcera Poudouïé, et ainsi des autres.

tions fréquentes et amicales s'étaient déjà établies avec les indigènes, dont les nombreuses pirogues étaient venues faire des échanges le long du bord, et la bonne harmonie ne cessa de régner pendant cette relâche de Cook, qui ne dura que quelques jours ; aussi le naturaliste Forster fait-il un portrait un peu flatté des naturels. En mémoire de la visite de Cook, un groupe de cocotiers qui existe encore fut planté près du village de Baiaup.

Après avoir renouvelé son eau et fait quelques observations astronomiques, Cook appareilla de Balade le 13 septembre, sortit du récif et voulut d'abord tourner l'île par le Nord ; la chaîne du grand récif extérieur qui s'étendait toujours à perte de vue dans le N. N. O. le détourna de ce projet, il vira de bord et prolongea la côte dans le S. E. Arrivé par le travers du grand massif de Kuebüni, auquel il donna le nom de cap de la Reine Charlotte, il prolongea de nouveau le grand récif et vint passer quelques jours au mouillage d'Amere, qu'il nomma Botany Island. Il poursuivit ensuite sa route au S. E., jusqu'à l'île Kunie qu'il reconnut le 23 septembre et qu'il nomma île des Pins à cause de la grande quantité d'arbres de cette espèce qu'il y aperçut, et termina là son exploration de la Nouvelle-Calédonie.

L'attention du gouvernement français fut éveillée par les relations des voyages de Cook et de ses importantes découvertes, et, en 1788, les corvettes *la Boussole* et *l'Astrolabe* furent envoyées dans le Pacifique sous le commandement de La Pérouse. Les instructions qui devaient diriger cette campagne furent rédigées par le roi Louis XVI avec un soin minutieux, et prescrivaient une reconnaissance complète de la Nouvelle-Calédonie et des ressources qu'elle pouvait offrir. Les dernières nouvelles de cette expédition, qui se termina si malheureusement à Vanikoro, datent de Botany-Bay, et il n'existe, en Nouvelle-Calédonie, aucune trace, aucun souvenir de son passage. Il est naturel de croire que la première apparition d'un navire européen a pu seule faire époque dans la tradition indigène, si obscure déjà chez un peuple alors complétement sauvage, et que les successeurs de Cook n'ont plus excité qu'une attention passagère et des souvenirs de courte durée.

Le 29 septembre 1791, *la Recherche* et *l'Espérance* partirent de Brest sous le commandement du contre-amiral Bruny d'Entrecasteaux pour aller à la recherche de La Pérouse, et arrivèrent en vue de l'île des Pins le 16 juin 1792 ; ils prolongèrent les récifs qui bordent la côte Ouest de la Nouvelle-Calédonie sur une longueur de plus de 300 milles, tandis que Beautems-Beaupré, l'hydrographe de l'expédition, dressait sous voiles la carte de l'île. D'Entrecasteaux découvrit plusieurs îlots au Nord de la Nouvelle-Calédonie et détermina la position du récif qui porte son nom. Il ne pénétra pas dans le récif, mais il eut connaissance du port de Saint-Vincent, auquel il donna le nom de Havre Trompeur, n'ayant pu découvrir la passe. Après avoir visité les archipels situés à l'Ouest et au Nord de la Nouvelle-Guinée et l'archipel des Amis, sans avoir trouvé de traces de La Pérouse, d'Entrecasteaux revint en Nouvelle-Calédonie et mouilla, le 18 avril 1793, à Balade, au premier mouillage de Cook, où il passa trois semaines.

Ce fut pendant cette relâche que mourut le capitaine Huon de Kermadec qui fut enterré sur l'îlot Pudiuïé, nuitamment et sans bruit, dans la crainte que son corps ne fût enlevé par les naturels, dont les instincts hostiles et les goûts anthropophages étaient alors évidents. Les navires quittèrent Balade le 9 mai 1793, allèrent reconnaître les récifs que Cook avait découverts au N. O. de la Nouvelle-Calédonie, poursuivirent ensuite leur route dans le Nord et passèrent, le 19 mai 1793, devant Vanikoro, où l'on eût peut-être pu retrouver quelques malheureux survivants du naufrage de La Pérouse.

L'extrémité Sud du grand récif extérieur fut découverte en 1791 par le capitaine Hunter, du navire hollandais le *Vigilant (Waakzaamheyd)*, qui se trouva dangereusement engagé dans la grande baie formée par les récifs du Sud et ceux de l'île des Pins.

Le premier qui entra dans le port Saint-Vincent fut le capitaine Kent, du *Buffalo*, qui l'a exploré et décrit d'une manière assez complète en 1793 (ou 1805). Les nombreuses découpures de la côte et les îles qu'il signale dans le S. E. de Saint-Vincent lui avaient fait pressentir les baies de

Dumbea et de Numea, mais il ne les a point visitées (1).

Le commandant Dumont-d'Urville est le premier qui, en 1827, ait déterminé la position de l'extrémité septentrionale des immenses récifs qui prolongent la Nouvelle-Calédonie. Le 28 novembre 1792, le capitaine Henri Boud, commandant le *Royal Admiral*, et alors en route pour chercher le grand passage par l'Est pour la Chine, faillit se perdre sur les récifs qui avoisinent l'île Huon et ne dut son salut qu'à la méfiance que lui inspira l'état tranquille de la mer et la cessation complète de la grande houle de l'Océan sous le vent des récifs. Le commandant d'Urville rapporte qu'il a passé à 4 milles de l'extrémité Nord du récif, le 22 juin 1827, et qu'il forme en ce point une baie de 6 milles de profondeur et de 13 milles d'ouverture. La petite île Huon, basse, boisée et de 1 mille de circuit, est la seule partie de ce récif qui s'élève au-dessus de l'eau. A 2 milles à l'Ouest de cette île, le récif court presque directement au Nord, l'espace de 9 milles, et se termine par une pointe étroite sur laquelle se trouvent plusieurs roches peu élevées au-dessus de l'eau. L'une d'elles, de 6 à 8 mètres d'élévation, est plus remarquable que les autres, et le récif ne s'étend pas à plus de 1 mille au Nord de cette dernière. Les oiseaux y sont fort nombreux.

Le canal Woodin, qui sépare l'île Uen de la grande terre a été découvert, le 1ᵉʳ décembre 1847, par un capitaine sandalier qui lui a donné son nom. C'est en cherchant un passage direct de l'île Amere à la côte Ouest, pour éviter le long trajet que l'on faisait alors en doublant l'extrémité Sud du grand récif, que le capitaine Woodin a trouvé cette route intérieure, actuellement la seule suivie.

Le passage de la Havannah n'a été reconnu qu'en 1852 par le bâtiment de guerre anglais de ce nom, qui a fait quelques bons travaux hydrographiques dans cette partie de l'île.

Enfin, au mois de janvier 1854, quatre mois après la prise

---

(1) Une décision impériale du 14 mars 1866 rend au chef-lieu de la Nouvelle-Calédonie, qui porte aujourd'hui le nom de Port-de-France, la dénomination de Numea. *Prononcez Noumea.*

de possession de la Nouvelle-Calédonie par le gouvernement français, M. le capitaine de vaisseau de Montravel, commandant *la Constantine,* en visitant les divers points de l'île, découvrit la bonne et sûre rade de Numea qui fut choisie pour l'établissement du chef-lieu de la colonie.

A dater de l'époque de la prise de possession, les explorations autour de l'île offrirent trop de facilités relatives pour être mentionnées ici. Les nombreux baleiniers et sandaliers qui ont passé en Nouvelle-Calédonie avant l'apparition du *Bucéphale,* qui amena les premiers missionnaires maristes dans l'île, en 1843, n'ayant laissé ni relations de voyages ni cartes, il n'y a lieu de mentionner leur passage qu'au point de vue de son influence sur la conduite des indigènes vis-à-vis des équipages blancs qui s'attirèrent souvent de justes représailles. Cette mauvaise influence disparaît de jour en jour depuis l'établissement d'une administration régulière et sévère, et déjà les populations naguère hostiles se rendent utiles sous bien des points de vue.

ASPECT ET CONSTITUTION DU SOL. — Le sol de la Nouvelle-Calédonie est essentiellement montagneux et de formation très-ancienne. La nature y a éprouvé de violentes convulsions dont on retrouve des traces à chaque pas. Quoique plusieurs de ces massifs paraissent dûs à des soulèvements volcaniques, on n'y a point encore découvert de cratères de volcans éteints, et l'on ne peut attribuer jusqu'à ce jour qu'au volcan Mathew, situé à 80 lieues dans l'Est de la Nouvelle-Calédonie, les secousses de tremblement de terre qui ont été ressenties dans toute l'île en 1862. Avant que l'île eût été traversée d'un côté à l'autre, diverses hypothèses ont été faites sur l'existence d'une ou plusieurs chaînes parallèles ; nous avons fait plusieurs voyages dans l'intérieur de l'île, et voici le résultat de nos observations à ce sujet. Dans ce que nous appellerons la partie Sud de l'île, c'est-à-dire au S. E. d'une ligne tracée du mont d'Or à Unia, la côte est bordée de montagnes élevées, tourmentées, diminuant graduellement de hauteur à mesure qu'elles se prolongent dans le Sud.

La chaîne de la côte Ouest se termine à l'entrée de la baie du Sud, celle de la côte Est entre Kuebüni et le Port-Boisé. Les montagnes de la première tombent à la mer suivant une pente assez abrupte et ne présentent qu'une vallée de quelque importance, celle de la rivière des Kaoris, qui se termine dans la baie Kuo ou des Pirogues. Il n'en est pas de même pour la côte Est, sur laquelle règne, entre le pied des montagnes et le bord de mer, depuis Kuebüni jusqu'à la partie Ouest du port d'Unia, une lisière de terres basses d'une largeur variable de 1 à 2 kilomètres. La partie intérieure de cette lisière est éminemment propre à la culture, quoique souvent inondée pendant l'hivernage. A mesure qu'on se rapproche de la mer, la couche de terre et de détritus végétaux entraînés du versant des montagnes par les pluies devient moins épaisse, et le littoral n'est qu'un plateau de roches corralligènes sur lesquelles ne pousse que le pandanus, qui y forme des fourrés impénétrables. La configuration de la côte dans cette partie présente un caractère assez singulier, qui semblerait relier son soulèvement à celui des Loyalty et de l'île des Pins. La roche affecte la forme d'une corniche demi-circulaire, sous laquelle on passe presque partout à pied sec, de mer basse, et dont le sommet, taillé en arête vive, se trouve à 2^{m}50 au-dessus de la haute mer, depuis Kuebüni jusqu'au Nord de Yate. La côte Nord de l'île des Pins et celle des îles mentionnées ci-dessus est toute semblable, seulement la corniche est à 10 mètres d'élévation à l'île des Pins, 40 mètres à Mare et près de 60 mètres à Lifu. Cette disposition particulière ne se retrouve bien marquée sur la côte Ouest qu'aux îlots Champignons, à l'entrée de Saint-Vincent, et en quelques points de la grande terre à l'Ouest et au Sud de cette baie.

La côte Est ne présente entre Kuebüni et Unia qu'une coupure importante, l'étroite et profonde vallée qui forme le port d'Yate, laquelle n'est, à proprement parler, que l'embouchure d'une rivière assez considérable.

L'espace compris entre les deux chaînes de montagnes dont nous venons de parler présente un coup d'œil assez pittoresque. La partie centrale est occupée par un massif

isolé de hautes collines abruptes et irrégulières, généralement boisées. A l'Ouest et au S. O. se trouve la grande
vallée de la rivière des Kaoris et une plaine assez irrégulière
formée par le delta de ses deux branches. La pente est assez sensible vers la mer; tout ce terrain est inculte, extrêmement ferrugineux, et couvert d'une végétation rabougrie. De nombreux affleurements d'argile blanche tran-
chent vivement dans la partie Est sur le fond rouge du terrain. Au Nord du pic **Ia** se trouve un massif de montagnes
s'abaissant vers l'intérieur, et se terminant par deux chaînes de collines qui séparent le bassin de l'Ouest de celui
de la baie du Sud. A l'extrémité Nord ce cette dernière
tombe une rivière dont la pente est très-rapide pendant les
trois derniers kilomètres de son parcours, et commence par
une cascade formant une belle nappe d'eau. Au-dessus de
cette cascade, on entre dans une grande plaine très-unie,
composée presque entièrement de gros gravier ferrugineux,
et couverte de quelques maigres fougères. Elle s'étend au
Nord jusqu'aux montagnes qui bordent au Sud la baie
d'Yate, s'élève légèrement à l'Est et au S. E., puis re-
descend en pente douce pour aboutir au plateau qui ferme
le fond du Port-Boisé. Le terrain devient meilleur dans
cette dernière partie; la végétation y est assez abondante;
on y remarque quelques cultures indigènes. Au pied du
versant N. E. d'une montagne isolée, située à 4 milles au Nord
du cap N'doua, existe un lac profond de près de 2 kilomètres
d'étendue, qui donne naissance à la rivière de la baie du Sud,
dont le cours sinueux traverse lentement la plaine. Quelques
oasis de terre végétale, couverts de petits bois taillis assez
touffus, semblent de véritables îles semées sur ce vaste
plateau de fer, élevé de plus de 150 mètres au-dessus du
niveau de la mer. On ne saurait mieux le comparer qu'à
un immense godet dont les bords seraient formés par les
montagnes pointues qui l'entourent presque de tous côtés.

La rivière de la baie du Sud reçoit sur sa rive droite un
affluent venant du Nord, et prenant sa source dans une
chaîne de collines peu élevées reliant le massif du centre
au groupe de montagnes situé au Sud d'Yate. Après avoir
gravi ces collines, on entre de plain pied dans une nou-

velle plaine de l'aspect le plus pittoresque, traversée par la rivière assez considérable d'Yate, aussi unie que la précédente, et élevée de 250 mètres au moins au-dessus du niveau de la mer.

La rivière d'Yate vient des contreforts d'un massif de montagnes considérable situé au S. E. et près du sommet le Humboldt, traverse des vallées très-profondes et escarpées ; son cours est très-sinueux entre ces gorges, où elle reçoit de nombreux petits affluents, et elle parcourt en plaine 5 à 6 lieues avant d'arriver à la série de chutes qui la conduit dans le fond du port d'Yate. A peu près au milieu de la plaine existent deux lacs situés au Nord et au Sud de la rivière. Celui du Sud n'a guère que 1 kilomètre en tous sens, et se trouve au pied du massif central. Celui du Nord, dont les parties Sud et Est sont côtoyées par la route indigène de Numea à Unia, est plus étendu, ses rives et son fond sont de beau sable rouge fin. Je n'ai pu le faire sonder au-delà de 100 ou 150 mètres du bord ; à cette distance on n'a trouvé le fond que par 6 mètres, la profondeur augmentant toujours. Il n'existe de terres cultivables dans toute la plaine qu'aux environs de ce lac, au confluent d'une rivière venant du N. O. et tombant dans la rivière d'Yate, entre les deux lacs, et à la gorge des montagnes. Le lit de la rivière d'Yate est très-encaissé, les berges sont élevées de 7 à 8 mètres en moyenne au-dessus du fond. Dans le N. O. du massif central, une simple ondulation de terrain sépare le bassin de la rivière d'Yate de celui de la rivière des Kaoris.

Par suite de la disposition des montagnes, la côte Est de Kuebüni au cap To' Ndu n'est arrosée que par des torrents d'un cours très-limité ; les plus considérables tombent : le premier au N. O. du petit port de Kuebüni, le second au cap Puareti, le troisième à Mamie, le quatrième et le cinquième dans le petit port d'Unia. D'Unia au cap To'Ndu la lisière de terres basses comprise entre la mer et le pied des montagnes cesse complétement jusqu'à la rivière du Massacre (Purina), dont l'entrée semblerait indiquer un cours d'eau assez considérable. A quelques kilomètres au-dessus de son embouchure, ce n'est plus qu'un torrent insignifiant.

La partie la plus bouleversée de la Nouvelle-Calédonie se trouve comprise entre la ligne qui joint Unia au mont d'Or, et celle qui irait de la vallée d'**Io** à la baie d'Uaraï. Dans tout cet espace, les massifs de montagnes semblent jetés dans le plus grand désordre ; ils ne se relient point les uns aux autres, et se composent généralement de deux ou trois sommets très-élevés projetant d'énormes contre-forts dans toutes les directions, et dont les pentes, de 30° à 35°, et souvent même tout à fait inaccessibles, encaissent tantôt de simples filets d'eau, tantôt des torrents considé-rables.

Toute la côte Est est bordée dans cette partie de fa-laises escarpées et de pentes abruptes, excepté dans quel-ques baies dont nous donnerons plus loin la description. Le sol ferrugineux existe sur le bord de la mer jusqu'à la vallée d'**Io**, quoique d'une teinte moins rouge que dans le Sud ; dans l'intérieur, il disparaît en partie pour faire place aux roches de trachite et de diorite dont sont presque ex-clusivement composées les montagnes. Aussi la végétation y est-elle partout rabougrie et nulle en beaucoup d'endroits. Le sommet principal de ce chaos est le pic le Humboldt, situé à 11 milles au Sud de l'île Tupeti, et élevé de 1,640 mè-tres au-dessus du niveau de la mer. Il est entouré au S. E. et à l'Ouest de nombreux pitons de 1,500 à 1,600 mètres de hauteur, et c'est à moins de 300 mètres au-dessous de son sommet que commence la Tontuta, qui vient se jeter à la mer dans la partie Est du port Saint-Vincent. Dès son origine, eu égard surtout à sa situation singulière, le tor-rent est beaucoup trop abondant dans la saison sèche pour être attribué seulement à l'écoulement des eaux de pluie. Lorsque je l'ai visité, le manque de vivres et les difficultés presque insurmontables du terrain m'ont empêché d'en al-ler explorer la source. Dans la partie supérieure de son cours, la Tontuta disparaît subitement de son lit pendant plus de 1 kilomètre et le croise en dessous presque perpen-diculairement à sa direction avant d'y reparaître de nou-veau. Ce fait pourra donner une idée du bouleversement du terrain. Deux lieues avant d'arriver à la mer, la Tontuta forme, grâce à ses affluents, un volume d'eau assez consi-

1.

dérable, et traverse, suivant une pente douce, la magnifique plaine de Saint-Vincent.

Le littoral de la côte Ouest, depuis le mont d'Or jusqu'au-delà d'Uaraï, est moins accidenté que celui de la côte Est. Les contre-forts des montagnes ne viennent plus que rarement jusqu'à la mer, et sont remplacés par des collines très-accessibles ; les plaines y sont vastes et très-fertiles, et c'est dans cette partie qu'est groupée la population européenne.

La description qui précède suffit pour faire voir que l'aspect général de la Calédonie est, à première vue, triste et peu séduisant. Ce n'est que par suite de sa grande étendue qu'elle offre, réparties dans ses vallées et sur quelques parties de son littoral, une surface de terrain assez considérable propre aux établissements agricoles européens. La partie Nord de l'île diffère de la partie Sud sous le rapport du sol ; les terres ferrugineuses disparaissent, le quartz et le silex remplacent dans la charpente de l'île les diorites qui dominent dans le Sud. Les montagnes sont moins abruptes, moins tourmentées, et généralement moins élevées, à l'exception des massifs de Udie et de Kopeto, situés sur la côte Ouest, dans le voisinage de l'île Puembut. Ces deux sommets dépassent 1,500 mètres d'élévation. Des roches basaltiques de formes bizarres, des falaises percées de magnifiques grottes rompent la monotonie de la côte dans le petit port de Yenghen sur la côte Est. Au Nord de l'île seulement existent deux chaînes de montagnes bien distinctes, et séparées par la vallée du Diahot, la rivière la plus considérable de l'île, qui doit prendre sa source entre les massifs que nous venons de citer et qui se jette à la mer vis-à-vis de Bualabio.

Je tiens des chefs indigènes que, par le travers de Yenghen, c'est-à-dire à plus de 45 milles en ligne droite de son embouchure, le Diahot n'est pas guéable. La chaîne du N. E. suit le rivage de la mer, et ne présente que des vallées insignifiantes. L'île de Bualabio semble être son prolongement. La chaîne du S. O. est plus étroite, et borne au Nord plusieurs plaines assez étendues, dont la plus belle est celle de Gomen. Cette chaîne se prolonge de

12 à 15 milles plus loin que celle de la rive droite, jusqu'à l'île de Paaba ; toutes deux se terminent par des mornes dont la hauteur diminue graduellement et régulièrement.

Dans le prolongement N. O. de la Nouvelle-Calédonie se trouve une chaîne d'îles et d'îlots élevés, qui se termine par le groupe des îles Belep, dont l'une, l'île Art, offre un bon mouillage dans sa partie Ouest. Nous renvoyons à la description des côtes et ports les autres îles qui sont enclavées dans le grand récif extérieur (1).

CLIMAT. — La salubrité du climat de la Nouvelle-Calédonie est désormais incontestable ; les travaux de force qui y ont été exécutés dans les conditions les plus pénibles n'y ont pas encore occasionné de maladies, et la mortalité y est notablement moindre qu'en France. La température, grâce aux fraîches brises qui règnent presque toute l'année, n'y atteint jamais des limites très-élevées. Dans la saison d'hivernage, en janvier, février et mars, elle atteint rarement + 30°, et ne descend guère au-dessous de + 15° pendant la nuit en juillet et en août. Elle n'est pas exposée à des changements brusques comme à Taïti.

Lorsqu'on entreprit à Numea, et plus tard à Kanala, les premiers travaux de terrassement dans des terrains bas et fangeux, on craignit de voir se déclarer des

---

(1) A 30 milles au S. E. et dans le prolongement de la grande île est située l'île des Pins, vaste plateau aride entouré d'une lisière de terrains bas, propres à la culture, et dominé dans sa partie Sud par un piton conique régulier de 266 mètres d'élévation, bien visible de 30 milles, de beau temps. Elle n'offre que deux mouillages fort mauvais, à Vao et à Gadji ; elle n'a eu quelque importance relative qu'alors que nous n'avions pas d'établissement sur la grande terre, et parce qu'elle avait offert aux missionnaires le point le moins mal à l'abri des attaques des indigènes. C'est aujourd'hui une relâche absolument inutile et un point que les navires devront éviter. Il existe une grande quantité de sapins, dont plusieurs atteignent 70 mètres et 75 mètres de hauteur, au Sud de cette île et sur les îlots qui la prolongent.

Enfin dans le N. E. de la Nouvelle-Calédonie et presque parallèlement à elle s'étend l'archipel des Loyalty, composé de trois îles principales, Mare, Lifu et Uvéa, et séparé de la grande terre par un canal de 16 à 20 lieues de large. Nous lui consacrerons un chapitre à part.

fièvres paludéennes. Il n'en fut heureusement rien, parce que ces terrains ne sont rien moins que des marécages. On n'y trouve point les plantes qui remplissent ordinairement les marais, et quoique les eaux y paraissent stagnantes, et semblent privées de tout écoulement, nous sommes convaincu qu'elles se renouvellent constamment par les crevasses du sous-sol, qui est partout de corail à une plus ou moins grande profondeur. Dans les plaines du littoral d'Yate et d'Unia, où les alluvions ont bien moins d'épaisseur que sur la côte Ouest, ce sous-sol perce par places en maints endroits, et l'on voit, loin de la mer, surgir des têtes de corail au milieu de *marais* dans lesquels les indigènes cultivent le taro avec succès.

L'écoulement souterrain des eaux est très-actif en Nouvelle-Calédonie; nous avons parlé tout à l'heure de la disparution de la Tontuta de son lit pendant plus de $\frac{1}{4}$ de lieue; nous mentionnerons ici le plus remarquable cours d'eau de ce genre qui nous ait été signalé. A 5,000 mètres du littoral de la côte Est, dans les environs immédiats de Yenghen, se trouve l'île de sable Yengabat. Cette île, semblable à toutes celles qui sont situées entre le grand récif et la terre, est assise sur un plateau de corail assez large et presqu'à fleur d'eau. Sa superficie est de 19 hectares; elle est entièrement boisée, et sa partie Est est occupée par une plantation de 1,200 pieds de cocotiers. Presqu'au milieu de cette plantation se trouve un puits d'environ $2^m 5$ de profondeur, creusé dans le sable, dont le fond n'offre aucune consistance, et qui donne d'excellente eau douce. Or non-seulement les trous qui ont été creusés sur Yengabat, comme sur les autres îles, n'ont donné par infiltration, au bout d'un temps dépendant de leur distance à la mer, que de l'eau extrêmement salée, mais encore tous les chefs indigènes sont d'accord pour affirmer que, dans la saison des pluies, on trouve au fond de ce puits des feuilles provenant d'arbres qui n'existent qu'à une assez grande hauteur dans la chaîne de montagnes dominant Yenghen. Ce dernier fait exclut toute idée d'infiltration, et accuserait sous l'île Yengabat le passage d'un véritable cours d'eau débouchant au fond de la mer en un point inconnu.

Ces divers faits nous ont amené à des remarques qui, selon nous, mériteraient une étude spéciale de la part des hommes compétents. Dans les îles intertropicales où les coraux sont *vivants*, telles que la Nouvelle-Calédonie, Taïti, la majeure partie de la Polynésie, les Seychelles, nous avons remarqué l'absence ou l'innocuité des fièvres et autres maladies ordinaires dans ces climats, tandis que dans les parages entourés de coraux *morts*, tels que la Vera-Cruz, les Antilles, et les Nouvelles-Hébrides près de la Nouvelle-Calédonie, ces maladies présentaient au contraire un caractère très-grave. N'y aurait-il pas dans le premier cas un mouvement et un écoulement permanent des eaux, qui s'opposerait à la formation des marais proprement dits, écoulement qui ne trouverait plus d'issue dans le second cas? Nous ne résoudrons la question dans aucun sens, et nous contenterons de la présenter aux hommes spéciaux.

VENTS.—Les vents alizés de S. E. et d'E. S. E. règnent le plus généralement en Nouvelle-Calédonie ; seulement si ce fait est constant pour la partie Nord de l'île il offre de nombreuses exceptions dans la partie Sud. La force et la direction du vent présentent souvent de singulières anomalies dans cette dernière, et l'on ne peut donner de règles fixes à ce sujet. Pendant toute l'année, mais principalement au commencement de la belle saison, on est exposé à des séries de vents de N. O. et d'Ouest aux environs de Numea, qui sont parfois très-fraîches, accompagnées d'orage et d'une pluie torrentielle, pendant que la côte Est jouit d'une jolie brise de S. E. Quelquefois ces bourrasques arrivent subitement, mais elles ne conservent leur violence que pendant les 2 ou 3 premières heures et passent au S. O. et au Sud. Dès que le vent hâle le S. O. le temps devient très-clair. Elles succèdent généralement à des brises de N. E. ou à un temps calme et lourd, et n'ont guère lieu que lorsque le baromètre est entre 0^m754 et 0^m757. Elles sont quelquefois tellement locales qu'en 1861, deux bâtiments mouillés, l'un à Uitoë et l'autre à Numea, avaient simultanément, le premier une forte brise d'E. S. E. et le second grand frais d'O. N. O. Elles ne peuvent être classées parmi les coups de vent giratoires, n'ayant aucun mouvement de translation et étant toujours circonscrites dans l'espace de quelques dizaines de milles.

Réciproquement, on ressentira quelquefois des vents de N. O. sur la côte Est, tandis que la côte Ouest aura les vents de S. E. Le canal de la Havannah, par sa position à l'extrême pointe de l'île, est sujet à des changements plus fréquents dans la force et la direction de la brise qui y règne. Avec des vents de S. O. au cap N'doua, on peut trouver la brise de S. E. ou d'E. S. E. à la sortie du canal; lorsque la brise est faible de N. E. au large, elle est généralement Nord à l'entrée du canal, N. O. et même O. N. O. au cap N'doua.

Après plusieurs jours de calme sur la côte Est, de juin à décembre, si le temps s'embrume et si le baromètre baisse, on est à peu près certain d'un coup de vent ou tout au moins d'une bourrasque qui se déclare subitement et sans donner aucun signe de son approche. Le vent souffle grand frais de l'E. N. E. ou du N. E., avec accompagnement d'orage et de pluie torrentielle; s'il persiste plus de 12 heures et que le baromètre continue à baisser, il hâlera le Nord et le N. O., soufflera de cette partie avec une grande violence pendant quelques heures, et se terminera à l'Ouest et au S. O., temps clair. L'île abrite complétement la côte Ouest de ces mauvais temps, lorsque le vent passe rapidement de l'E. N. E. au N. O., et les baies de Numea et de Saint-Vincent restent en calme avec un ciel clair au zénith.

Lorsque le vent alizé de S. E. ou d'E. S. E. prend de l'intensité et de la durée, le temps se charge à l'extrémité S. E. de l'île, les grains y deviennent nombreux et quelquefois violents, mais cette action s'étend avec une extrême lenteur sur la côte Est. Les grains franchissent avec difficulté le massif des terres d'Unia ou d'Yate, et l'on éprouve encore à Tupeti une brise modérée avec un ciel clair, lorsque, depuis 4 ou 5 jours déjà, il vente à un et deux ris à l'entrée de la Havannah avec un temps brumeux et pluvieux. En général et dans les circonstances atmosphériques normales, l'alizé d'E. S. E. commence à se faire sentir près de terre vers 8 heures du matin, prend de la force à

10 heures, acquiert son maximum vers 2 heures, et tombe ensuite jusqu'au coucher du soleil. Au large et loin des récifs, sa plus grande force est presque toujours de 6 heures à 7 heures du soir.

Les brises de terre, assez fréquentes sur la côte Ouest, que l'on pourrait presque appeler la partie sous le vent de l'île, sont rares sur la côte Est, généralement balayée jour et nuit par la brise du large; elles ne s'étendent jamais jusqu'au grand récif extérieur, et n'existent que dans les vallées de quelque importance, à Yate, Unia, Kanala; elles cessent généralement vers 8 heures du matin. Suivant la ligne qui joint la vallée d'**Io** à Uaraï, il existe sur toute la largeur de l'île une dépression qui sépare le massif de montagnes dont le Humboldt est le sommet du massif central. Cette espèce de coupée donne lieu, lorsque les vents sont S. S. E. sur la côte Ouest, à des brises de S. O. très-fraîches, surtout pendant la nuit. L'action de cette espèce de déversoir ne se fait naturellement ressentir que vis-à-vis de la vallée d'**Io**, et atteint rarement le grand récif.

La partie Nord de la Nouvelle-Calédonie étant plus étroite et plus basse que le reste de l'île, et se trouvant en même temps par une latitude sous laquelle les vents alizés sont établis plus régulièrement, exerce sur eux une influence beaucoup moindre. La brise y est généralement plus fraîche et plus continue; on y est cependant exposé, particulièrement en septembre et octobre, à des orages très-violents de la partie de l'Ouest, précédés par un temps lourd, brumeux, très-chargé, et un calme plat.

L'année se divise, en Nouvelle-Calédonie, en deux saisons distinctes; l'hivernage et la saison sèche. La première dure de la fin de décembre en avril; le temps est très-pluvieux pendant ces quatre mois, surtout lorsque le vent souffle depuis l'E. N. E. jusqu'à l'O. S. O. par le Nord. Les brises y sont irrégulières, variables, souvent très-fortes.

OURAGANS.—Pendant tout l'hivernage, mais principalement en janvier et février, on est exposé à des ouragans qui sévissent parfois avec violence. Ils sont précédés par un temps couvert, incertain, une chaleur accablante, et leur passage n'est indiqué quelquefois que peu d'heures à l'avance par la baisse du baromètre (1). Leur diamètre est généralement peu étendu, car ceux qui traversent le milieu de l'île ne se font nullement ressentir aux extrémités; leur mouvement de rotation s'effectue de droite à gauche, comme l'indique la loi des tempêtes pour l'hémisphère Sud, et leur mouvement de translation dans le Sud varie du S. S. O. au S. E. Toutes les parties de l'île sont exposées à ces phénomènes, qui n'ont du reste rien de précis dans l'époque de leur passage pendant l'hivernage. On prétend cependant que l'île des Pins en a toujours été exempte.

BAROMÈTRE. — Les oscillations du baromètre sont plus sensibles peut-être en Nouvelle-Calédonie qu'elles ne le sont généralement dans les pays intertropicaux, et présentent cette particularité, qu'après un ouragan ou un très-mauvais temps occasionnant une baisse notable, la colonne barométrique restera plusieurs jours avant de reprendre son niveau normal, malgré la sérénité de l'atmosphère. Pendant les ouragans observés jusqu'à ce jour, le baromètre est descendu entre 0^m734 et 0^m710. Lorsque la brise de S. E. est régulièrement établie, le baromètre se maintient environ à 0^m759. Lorsqu'il monte à 0^m767 ou 0^m768, le temps se mettra à grains et soufflera grand frais du S. E. jusqu'à ce que le mercure commence à descendre. Si, au contraire, les vents du S. E. ou d'E. S. E. fraîchissant avec un temps couvert, le baromètre descend, il faut s'attendre à de grandes brises de N. E., et si la baisse est rapide, à un coup de vent du N. E. à l'O. N. O. et à l'Ouest. Dans ce dernier cas nous avons vu en octobre le mercure tomber à 0^m744. Les beaux et mauvais temps sont parfois tellement

---

(1) En général cependant, après quelques jours de temps à grains, à rafales accompagnées de pluies abondantes, avec un ciel uniformément gris, ou surtout traversé par plusieurs couches de nuages cuivrés, le baromètre se maintenant à 0^m750 ou 0^m749, on doit se tenir en garde contre les ouragans.

locaux, ou brusques dans leur arrivée, que le baromètre pourra indiquer des perturbations en dehors de l'action desquelles on restera, ou bien rester stationnaire au moment d'un changement de temps complet.

Il arrive parfois, dans la belle saison, et le fait a lieu généralement dans la matinée, que les vents de S. E. soufflent subitement très-grand frais, et continuent ainsi pendant 8 à 15 jours. Cette augmentation de force arrive avec une panne d'épais nuages blancs, aux contours nettement arrêtés, qui s'élève rapidement sur l'horizon.

Les apparences du lever et du coucher du soleil sont des signes assez certains en Calédonie du temps qu'il fera pendant les 12 heures suivantes, et ce détail n'est pas à dédaigner pour la navigation intérieure. Lorsque l'horizon du soleil levant ou du soleil couchant est net, d'un beau rouge orangé, et surtout traversé par de petits stratus, on peut compter sur du beau temps et une faible brise. Si cette teinte devient livide, avec un soleil baveux, on devra s'attendre à des grains et à une forte brise; si enfin le soleil est blanc et embrumé, il y a à peu près certitude de mauvais temps.

Pendant les mois de mai et juin, les brises sont encore fraîches et irrégulières, les grains assez fréquents. En juillet et août, le temps est généralement beau, sec, et les vents alizés bien établis. Les mois de septembre et d'octobre sont les plus beaux de l'année; brise régulière et modérée, température égale et très-douce, pluies très-rares. Vers la mi-novembre, les fortes brises et les grains reparaissent par intervalles, et dans l'opinion des personnes fixées depuis longtemps dans l'île, le jour de Noël peut être considéré comme le commencement de la saison d'hivernage.

Nous ne terminerons pas ce chapitre sans mentionner une particularité qui a été remarquée par tous les capitaines qui ont séjourné quelque temps en Nouvelle-Calédonie; je veux parler de l'influence du Grand Récif extérieur sur la force et la direction du vent. Il arrive très-souvent qu'il fait beau temps en dedans du récif, tandis que la mer est balayée au large par de grands vents de S. E., avec un temps couvert et pluvieux, et réciproquement. Lorsque l'on part de Numea avec des vents de N. O., on trouve souvent à la sortie des passes des vents d'Ouest et de S. O., temps clair; si l'on sort, au contraire, avec des vents de S. E. et même d'E. S. E., on ressentira au large la brise du S. S. E. ou du Sud. Il est rare, avec un temps fait et une brise modérée, de ne pas rencontrer, lorsqu'on se présente dans une passe, un vent plus faible, quelquefois même du calme.

COURANTS ET MARÉES. — La mer marnant en général de 1ᵐ 20 en Nouvelle-Calédonie, et l'île étant défendue dans presque tout son pourtour par une chaîne de récifs à fleur d'eau qui ne laissent que des passes étroites de loin en loin, l'espace compris entre ces récifs et la terre n'est sujet qu'aux courants périodiques des marées, tantôt assez lents, tantôt très-rapides comme dans le canal de la Havannah et le détroit Devarennes; leur cours est régulier, leur direction connue; il n'en est pas encore de même de ceux que l'on rencontre dans le voisinage extérieur du Grand Récif. L'hypothèse suivante nous semble la plus probable sur cette question.

Le courant équatorial du Sud de l'Océan Pacifique, dont la direction générale est l'Ouest, et qui descend jusque par 26° Sud environ, se partage en deux branches en arrivant près de l'Archipel de la Nouvelle-Calédonie et des Loyalty. L'une des branches est désignée sous le nom de courant de Rossel; elle prolonge toute la côte Est de la Calédonie du S. E. au N. O., et son influence se fait d'autant plus sentir qu'on est plus au large. Lorsqu'il souffle bon frais du S. E. depuis quelques jours, ce courant augmente sensiblement de vitesse, et tel bâtiment qui remonterait la côte en louvoyant dans l'intérieur du récif, ne pourra presque rien gagner au vent s'il louvoie dans le canal compris entre la Calédonie et les Loyalty, surtout de flot (1). La seconde branche du courant passe

---

(1) Avec les vents de Nord et de N. O., au contraire, la force du cou-

au Sud de l'île des Pins, court à l'Ouest et à l'O. S. O., et s'infléchit dans le Sud sous le nom de courant de la Nouvelle-Hollande avant d'avoir atteint la côte de l'Australie. La partie Ouest de la Nouvelle-Calédonie se trouve par conséquent abritée dans une sorte de delta, et l'on n'y peut ressentir que des remous de force et de direction variables, généralement très-faibles, et dépendant du vent et de l'action plus ou moins forte de l'un des deux courants qui entourent l'île.

Le grand récif du Sud, se prolongeant à 30 milles de terre, détourne cette seconde branche en lui opposant une puissante barrière; en même temps, les courants de flot et de jusant passent en presque totalité par les canaux de la Havannah et de la Sarcelle; il en résulte que l'espace compris entre l'île des Pins et le récif du Sud se trouve à l'abri de toute influence de courant. Des bâtiments pris en calme dans cette partie à la tombée de la nuit n'avaient pas dérivé de 2 milles au jour.

COURANTS DE LA HAVANNAH. — C'est dans le S. E. de la Nouvelle-Calédonie, à la sortie des deux passages de la Havannah et de la Sarcelle, que l'on rencontrera les courants les plus forts et les plus irréguliers.

L'établissement du port a été déterminé avec soin sur les deux côtes. Il se trouve être à peu près le même dans la baie du Sud et au Port-Boisé; mais sur la côte Est, à Yate, le premier port où l'abri des récifs a permis de faire des observations sûres, la mer est pleine près de 3 heures avant de l'être dans la Havannah. Pendant la moitié du flot et la moitié du jusant, il existe donc deux courants contraires se rencontrant presqu'à angle droit devant la Havannah et la passe de la Sarcelle. A l'époque des nouvelles et des pleines lunes, le flot et le jusant ont une vitesse de 4 à 5 milles à l'heure dans ces deux passes, et de près de 2 milles au large; il en résulte à la sortie du récif des

---

rant diminue, et il s'établit même dans le canal des Loyalty et le long du récif un contre-courant portant au S. E. Ce n'est que plusieurs jours après que ce dernier a cessé que le courant portant au N. O. reparaît.

remous de courants extrêmement violents, qui se déplacent continuellement, et rendent la mer tellement dure et clapoteuse que la chaîne des récifs paraît non interrompue de la grande terre à l'île des Pins. A moins d'une forte brise, les bâtiments à voiles ne ressentent plus l'action du gouvernail, dès qu'ils entrent dans ces remous, et les goëlettes sont obligées de condamner leurs panneaux : en général il est prudent d'attendre, avant de franchir la passe, que le phénomène ait perdu de son intensité. Lorsque l'aviso à vapeur *le Coëtlogon* fit son premier voyage de Numea à la côte Est, sous vapeur et en calme, il trouva du cap N'doua à l'entrée du port de Goro la mer unie comme une glace ; il conserva toute sa vitesse et donna à raison de 11 nœuds à l'heure dans le mascaret (nom sous lequel ces remous sont connus en Calédonie) ; le premier effet qu'il en ressentit fut un coup de tangage qui submergea sa tente de l'avant, élevée de plus de 7 mètres au-dessus de l'eau, et ébranla le bâtiment comme s'il eût donné sur une roche.

Dès que l'on peut, en sortant par la Havannah, tourner la pointe des récifs qui la termine à gauche, on rentre immédiatement dans une eau dormante et calme, et continuant la route au Nord, on ne rencontre plus que le flot ou le jusant, toujours modérés, de la côte Est. Il n'en est pas de même si l'on continue la route à l'E. N. E. ou à l'Est. Les courants y prennent toutes les vitesses et les directions possibles. Il nous est arrivé plusieurs fois d'attaquer le canal de la Havannah à la tombée de la nuit avec commencement de jusant ; par suite de ne pouvoir entrer avant le lendemain et d'attendre toute la nuit au large. Mettant en panne à 2 milles de l'entrée, à 9ʰ 30ᵐ et même 10 heures du soir, nous nous sommes trouvés à 5ʰ 30ᵐ du matin, une fois, à 25 milles au N. E. de la Havannah, une fois au Nord de l'île des Pins, et un jour de nouvelle lune, en vue et près de Mare ! Il serait trèsimprudent, d'une nuit obscure et par une mer calme, de chercher à se rapprocher jusqu'à ce qu'on entende le mugissement monotone de la mer sur les grands récifs extérieurs. Dans presque toutes les circonstances on les entend de plusieurs milles, mais il arrive parfois, quoique très-exceptionnellement, qu'ils ne déferlent pas. Telle a été la cause de l'échouage de *la Bonite* sur les récifs du Nord de Kie, après quarante-et-un passages dont près de moitié de nuit, effectués sans accident par son capitaine.

MARÉES. — La mer marne environ de 0^m80 dans les mortes eaux, et de 1^m20 à 1^m30 dans les nouvelles et les pleines lunes. Il est à remarquer que le niveau moyen de l'équinoxe de septembre est sensiblement plus élevé que celui de l'équinoxe de mars. En septembre et octobre, les îlots boisés de l'intérieur du récif sont parfois envahis par la mer, tandis qu'en mars et avril seulement, les plateaux de corail qui les entourent, sont complétement à sec. Les hautes et basses mers d'avril sont en moyenne de 0^m4 plus basses que celles d'octobre.

Dans l'intérieur du grand récif, les courants de marée sont assez réguliers, quoiqu'une forte brise accélère ou retarde, suivant sa direction, les courants des passes. Le flot porte au N. O., le jusant au S. E. Il arrive cependant parfois, sur la côte Est, avec les grands vents de S. E., que le jusant ne se fait pas sentir et que le courant porte constamment au N. O. Sur les deux côtes, le jusant porte en dehors des passes et le flot en dedans.

ATTERRAGES. — Nous parlerons, en premier lieu, de l'atterrage de Numea, le chef - lieu de la colonie et le seul point fréquenté aujourd'hui par les grands bâtiments. Il n'y a, à proprement parler, que deux routes pour atterrir au Sud de la Nouvelle-Calédonie, celle du Sud et celle de l'Est. La première doit être prise par les navires qui viennent d'Australie ou d'Europe par le Sud de la Tasmanie ou le détroit de Bass ; la seconde est celle des bâtiments qui viennent de la Nouvelle-Zélande, de Taïti ou des mers de Chine, ces derniers ayant dû, de préférence, passer au vent des Nouvelles-Hébrides.

DE SYDNEY A NUMEA, ET VICE VERSA. — Quoiqu'il n'y ait que 360 lieues de Sydney à Numea, les traversées des bâtiments à voiles sont extrêmement variables et peuvent durer entre 5 et 28 jours. L'espace compris entre l'Australie et la Nouvelle-Zélande, jusque par 18° à 20° Sud, est en toute saison sujet à plus de perturbations atmosphériques que peut-être pas un point du globe, et les traversées effectuées sans un coup de vent, sur ce court trajet, sont très-rares. En hiver, c'est-à-dire de juin à septembre, les vents du N. O. au S. O. dominent sur la côte d'Australie ; ces derniers remontent quelquefois jusque par 24° Sud et sont alors remplacés par les alizés modérés de S. E.; lorsque la brise du S. E. rencontre celle du S. O. par une latitude plus méridionale, il se produit des calmes et quelquefois des orages violents. C'est à cette époque que les traversées sont les plus belles de Sydney en Nouvelle-Calédonie ; par la même raison, les traversées inverses sont très-pénibles. A peu près à mi-chemin de Sydney à Numea se trouve le groupe de l'île Howe (1) et des écueils Middleton, Élizabeth (2), Seringapatnam, etc., dont les positions ont été très-exactement déterminées, en 1859, par le capitaine Denham ; on doit généralement éviter de s'engager entre ces récifs pour faire une traversée plus directe, ce groupe étant le point de partage des vents d'Australie et de Calédonie. Pour aller à Numea, il sera préférable de prendre la route par le Sud, d'abord parce que l'on conservera plus longtemps les vents de la partie de l'Ouest, ensuite parce que les alizés sont parfois très-frais de la partie de l'E. S. E., et seraient trop courts pour atteindre la Calédonie en bordée. Si l'on part avec des vents de Nord ou de N. N. E., il ne faut pas craindre de faire l'Est et même l'E. S. E.; ces vents ne sont jamais de longue durée, et passent

---

(1) L'île Howe est extrêmement élevée en raison de sa petite étendue, ses falaises montent presque perpendiculairement en certains endroits à 800 mètres de hauteur. La pyramide de Ball, à peu de distance au Sud, est une aiguille colossale légèrement inclinée.

(2) Voyez les cartes françaises, 2109, mer de Corail, et 1156, côte orientale de la Nouvelle-Hollande, etc., et l'instruction 312, pages 401 et 403.

promptement au S. O., au S. E. et même à l'Est, sans jamais tourner par la droite. Pour revenir à Sydney on prendra, au contraire, la route du Nord, on attaquera la côte d'Australie vers la baie Moreton si les alizés persistent, l'on aura pour atteindre Sydney la chance du vent de N. O., et dans tous les cas le courant qui porte au Sud au large de la côte.

Les mois de juillet et d'août sont les plus mauvais de l'année; les traversées peuvent durer un mois pendant lequel on aura une série de coups de vent.

Pendant l'été, d'octobre à mai, les vents de N. E. et d'Est dominent sur la côte d'Australie. C'est dans cette saison que l'on y ressent parfois les vents chauds (hotwinds), qui soufflent de l'O. N. O. et se terminent au bout de 2 ou 3 jours par une saute violente au Sud et tellement subite, qu'elle peut démâter ou chavirer les bâtiments qui ne s'y sont pas préparés à l'apparition des premiers éclairs dans le Sud. Au large de la côte, les brises sont extrêmement variables, le temps capricieux, et les bourrasques à craindre du Sud lorsqu'il y a de l'orage dans cette partie. C'est la saison de l'hivernage en Nouvelle-Calédonie; les terres sont généralement embrumées; il arrivera quelquefois que l'on se trouvera en vue et à petite distance des récifs avant d'avoir eu connaissance de la terre, et, le plus souvent, que les montagnes seront couvertes de nuages, de sorte que l'on ne pourra reconnaître leurs sommets dont les silhouettes constituent le seul point de reconnaissance en venant du large. Les mois d'avril et de mai sont ceux pendant lesquels on est exposé aux temps les plus variables et aux vents les moins stables. Il est indifférent, à cette époque, de prendre la route du Nord ou la route du Sud; il faut seulement éviter, dans toutes les saisons, d'attaquer la Nouvelle-Calédonie dans le N. O. du point de destination, parce qu'on pourrait perdre beaucoup de temps à remonter le récif (1).

---

(1) L'atterrage par le Sud et l'Ouest ne présente plus aucune difficulté, par suite de l'érection du *phare* en fer qui a été établi à peu près au centre de l'île Amédée, à la fin de l'année 1865.

En général, il sera convenable de gouverner de manière à venir attaquer le grand récif compris entre les passes de Bulari et de Mato ; les vues annexées à la carte 1915 de M. Bouquet de la Grye seront d'un grand secours pour la reconnaissance du point d'atterrage. Les sommets de Mu, Kogi, mont d'Or et **Ia**, visibles de plus de 50 milles d'un temps clair, seront les amers sur lesquels on pourra diriger sa route. Mais comme il arrive fréquemment que ces montagnes sont couvertes de nuages, il faudra chercher des points de repère moins élevés et partant visibles à de moins grandes distances. Dès qu'on aura reconnu l'île conique isolée de Mato et l'île Uen, dont les terres se détachent en couleur foncée sur les montagnes plus élevées situées au Nord du canal Woodin, la position du navire sera déterminée (1).

---

(1) Voir pour l'atterrage de Numea les cartes n°s 1915, 1960, 2038 et le plan n° I.

CHAPITRE II.

DES RÉCIFS EXTÉRIEURS A NUMEA, PAR LES PASSES DE BULARI, DUMBÉA
ET DE LA HAVANNAH.

—

Variation 10° 36′ N. E. en 1863.

PHARE DE L'ILOT AMÉDÉE. — Le 26 décembre 1865 on a allumé sur l'îlot Amédée situé à 2 milles en dedans du Grand Récif extérieur un feu *fixe blanc*, élevé de 50 mètres au-dessus du niveau de la mer et visible de 20 milles avec une atmosphère claire. L'appareil d'éclairage est dioptrique et du premier ordre. La tour est en fer, peinte en blanc, élevée de 53 mètres de la base au paratonnerre, et forme un bon amer dans le jour.

L'îlot Amédée est de sable couvert de petites broussailles; comme il est placé en dedans du Grand Récif extérieur, il en résulte que quand un navire atterrit sur le phare, et quand il aperçoit le feu, il a toujours le Grand Récif entre lui et la tour, mais à une distance qui varie selon le rumb auquel il voit la lumière. En outre, comme le Grand Récif extérieur suit une direction générale N. O. et S. E. environ, direction qui est plus ou moins oblique à la route du navire, selon qu'il atterrit plus ou moins obliquement à la terre, il pourra se trouver très-près de cette direction générale, bien qu'il soit encore à une bonne distance du phare. Ainsi, en supposant l'atmosphère claire, et l'observateur placé dans la mâture à 12 mètres au-dessus du niveau de la mer, s'il voit le feu à 22 milles dans un des rumbs ci-après :

	N. O. q. N.	N. N. O.	N. q. N. O.	Nord.	N. q. N. E.	N. N. E.	N. E. q. E.	N. E.	N. E. q. N.	E. N. E.	E. q. N. E.	Est.	E. q. S. E.	E. S. E.	S. E. q. E.
Sa distance au récif sera en milles.. de	$10\frac{1}{2}$	$14\frac{1}{2}$	$15\frac{2}{3}$	$16\frac{1}{2}$	$17\frac{1}{4}$	$17\frac{1}{2}$	20	20	20	20	$19\frac{1}{2}$	$18\frac{1}{4}$	17	14	6
Et sa plus courte distance à la *direction générale* (N. O. et S. E. du grand récif mesurée sur la perpendiculaire (N. E.) à cette direction, sera en milles. . . . de	$\frac{1}{5}$	4	8	$11\frac{1}{2}$	14	$16\frac{1}{2}$	17	$17\frac{1}{2}$	17	15	14	$11\frac{1}{3}$	$7\frac{3}{4}$	4	0

Conséquemment, un observateur (élevé de 12 mètres) qui, en beau temps, aperçoit le feu dans le N. E. est à 20 milles du récif lui-même, et à 17 milles $\frac{1}{2}$ de la direction générale des récifs. On ne saurait donc trop engager les navigateurs à attaquer le récif en tenant le phare sur l'un des relèvements compris entre le N. N. E. et l'E. q. N. E.

PASSES DE BULARI (1). — En approchant du récif, qui court au N. O. q. O. dans cette partie, on ne tardera pas à le voir se terminer par un coude assez brusque au Nord, pour reparaître à près de 3 milles plus Nord, et suivre de nouveau et sans interruption la direction du N. O. q. O. Dans cette solution de continuité, le récif Toombo au Sud, une large roche couverte et brisant toujours, un petit récif isolé, d'un bon $\frac{1}{2}$ mille d'étendue, forment, avec les pointes extrêmes du Grand Récif, les quatre passes de Bulari, dont la position est bien signalée maintenant par le phare ci-dessus. Les trois passes situées au Nord du récif Toombo sont les seules praticables.

La passe du Sud, ou la première, a 500 mètres de large ;

---

(1) Voir les cartes françaises, n°ˢ 2038, Nouvelle-Calédonie, etc.; 1960, Nouvelle-Calédonie; 1915, partie Sud 1ʳᵉ feuille ; 1894, île Uen et Port-de-France (Numea), et 1939, Port-de-France (Numea).

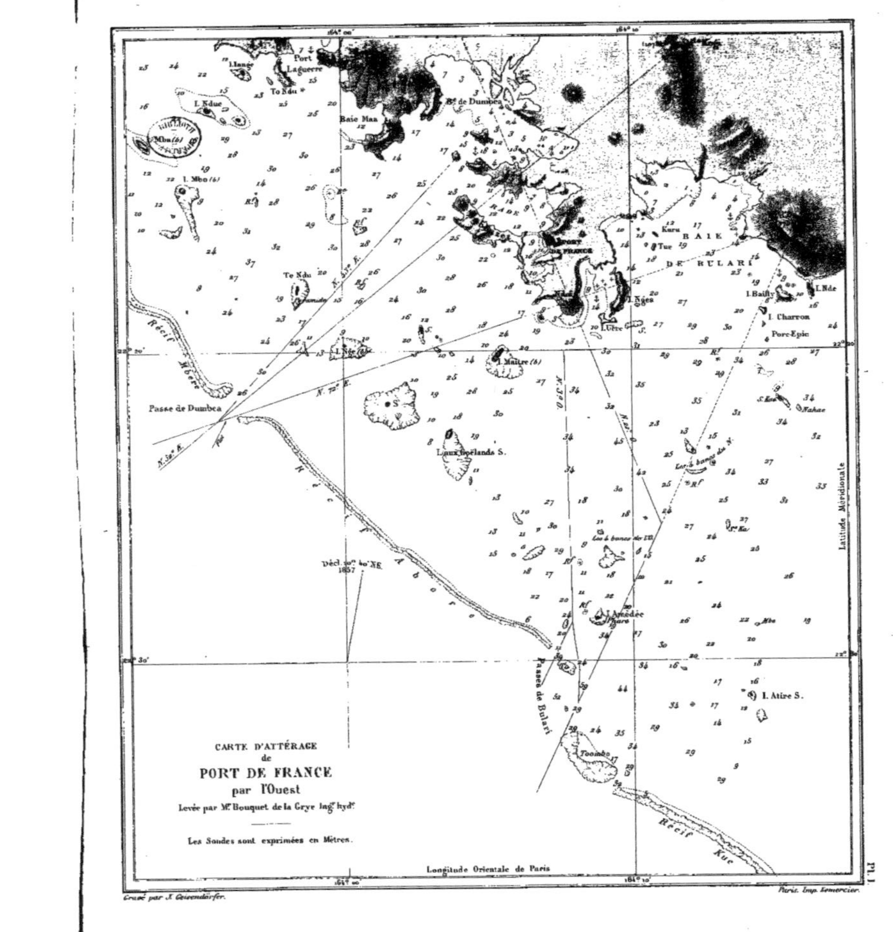

Pl. I.
CARTE D'ATTÉRAGE
de
PORT DE FRANCE
par l'Ouest
Levée par Mr Bouquet de la Grye Ingr hydr.
Les Sondes sont exprimées en Mètres.
Longitude Orientale de Paris
Latitude Méridionale
Gravé par J. Geisendörfer.
Paris. Imp. Lemercier.
Passe de Dumbea
Passe de Bulari
Recif Mbere
Recif Aboro
Recif Kue
Baie Maa
Bc de Dumbea
Port Laguerre
I. Nuae
I. Ndue
To Ndu
I. Mbo (6)
Te Ndu
BAIE DE BULARI
I. Bailly
I. Nde
I. Charron
Porc-Epic
Kuru
Tue
Nges
L. Uere G.
Maitre (6)
L. aux Goëlands S.
Les 4 bancs de TU.
I. Amédée
Phare
Toombo
I. Atire S.
Décl. 10° 40'NE 1857
N. 72° E.
N. 30° O.

elle est à 7 milles dans le S. 2° E. du phare. Il ne faut pas s'y engager, parce qu'à l'intérieur se trouve un banc de corail à fleur d'eau. La seconde passe a 1,300 mètres de large; elle est saine, profonde, et reste à 4 milles dans le S. 19° O. du phare; le récif Toombo qui forme sa partie Sud est très-accore du côté du large; sa pointe Nord se prolonge sous l'eau, mais ne peut inspirer aucune crainte, étant toujours visible à 14 et 15 mètres de profondeur, par suite de la limpidité de l'eau; le petit écueil qui forme sa partie Nord déferle toujours. Nous préférons cette passe aux trois autres, en ce sens qu'on a plus vite dépassé les dangers sous le vent, et à ce sujet nous poserons la règle générale suivante, applicable aux bâtiments mauvais voiliers ou mauvais manœuvriers : toutes les fois que l'on donne avec vent du travers ou au plus près dans une passe, il faut toujours l'attaquer le plus au vent possible, parce que, outre les changements dans la force et la direction de la brise que nous avons signalés plus haut, on est exposé aux courants du flot et du jusant, souvent très-rapides dans les passes, et par suite à des remous et à une mer clapoteuse qui peuvent retarder ou même faire manquer un virement de bord. Ce n'est pas à dire pour cela que l'on ne puisse donner dans les passes que vent sous vergue; les bâtiments de tout rang y louvoient, mais il est bon de s'y donner tous les avantages possibles. Ainsi nous recommanderons de donner dans les passes avec toute la toile possible, et nous regardons comme plus nuisible qu'utile toute diminution dans les moyens d'action du bâtiment. C'est le moment d'établir ses basses voiles si elles sont carguées.

La troisième passe a 1,650 mètres de large. Formée par le petit écueil au Sud, et au Nord par un petit plateau de récifs, elle est à 3 milles au S. 25° O. du phare. Comme elle est la plus large, elle devra être prise de préférençe si le vent est droit debout pour entrer; c'est celle où l'on aura le plus à serrer le vent avec la brise d'E. S. E. et le jusant. Elle est saine, quoiqu'on voie le fond en beaucoup d'endroits, par **18 et 24 mètres** (1).

---

(1) Voir le plan n° 1 annexé au volume.

La passe du Nord, ou la quatrième, a 750 mètres de large. Formée par le petit plateau ci-dessus au Sud et par le récif extérieur au Nord, elle est à 2 milles dans lé S. 48° O. du phare. Elle est la plus étroite, mais aussi celle dans laquelle la route à faire se rapproche le plus du Nord, quoique les récifs qui la limitent se prolongent un peu sous l'eau, celui du Sud au large et celui du Nord en dedans, à la profondeur de **9 à 12 mètres**.

MARÉES. — Dans les passes de Bulari, le jusant sort avec force, le flot entre avec une vitesse plus modérée.

INSTRUCTIONS. — Pour entrer par **la passe du Nord** on gouvernera sur la tour au N. 48° E. ; dès qu'on sera engagé dedans, on viendra un peu sur tribord pour éviter la pointe du Grand Récif, qu'on laisse à bâbord, puis on ralliera le récif à fleur d'eau qui se trouve à 1 mille dans le N. q. N. E. de la passe ; on le prolongera à 1 câble (il est accore) dans l'Est ou dans l'Ouest ; dès qu'on l'aura doublé, on mettra le cap au Nord ou sur l'extrémité de gauche du cap N'doi (*Uen Toro*), qui tranche, par sa couleur foncée , sur la teinte claire de la presqu'île de Numea, jusqu'à ce qu'on relève le milieu de l'îlot boisé Maître à l'Ouest ; on vient alors au N. O. pour passer entre l'île Maître et l'île Mando (*île aux Canards*) ; aussitôt que l'on aura dépassé cette dernière, on gouvernera sur l'île Dubouzet (*île Nu*), et l'on ne tardera pas à apercevoir les navires au mouillage par la **fausse passe** (vue n° 16), dans laquelle il ne reste que **1ᵐ29** d'eau à mer basse. Ralliant alors l'île de Brun (*île aux Lapins*), on rangera de très-près sa pointe Nord, en gouvernant au N. E. q. N. ou au N. E. (une frégate peut passer à 25 mètres de la pointe extérieure des roches) ; avec les vents d'E. S. E., on sera complétement masqué par les renvois de brises occasionnés par la pointe de l'île, on franchira cet abri sur son erre, et on doublera ainsi en bordée la pointe Sud de l'île Dubouzet, terminée par un banc de roche sur l'extrémité duquel se trouve une bouée rouge mouillée par **7 mètres**. Gouvernant alors au Nord, et laissant sur tribord un petit

banc de 4 mètres, indiqué par deux bouées placées à ses extrémités, on viendra mouiller à 2 encablures de terre, **par 9 mètres**, vase, vis-à-vis le plus Sud des deux débarcadères en bois que possède le port.

Mouillage extérieur. — Si les vents sont à l'Est ou à l'E. N. E., les grands bâtiments qui ne pourront pas louvoyer dans la petite passe pourront trouver un mouillage temporaire en dehors, par **18 à 22 mètres**, fond d'assez bonne tenue, ou bien ils prolongeront l'île Dubouzet sous le vent, et auront en grande rade l'espace nécessaire pour évoluer. Les bâtiments tirant moins de 5m4 pourront seuls passer, de mer basse, de la grande rade dans la petite; les deux pointes qui forment l'entrée Nord de cette dernière (la pointe du fort Constantine et une pointe basse de l'île Dubouzet) se prolongent sous l'eau, et laissent un chenal étroit indiqué par deux bouées, l'une *blanche* et l'autre *rouge*. La partie la plus profonde de ce chenal est sur l'alignement donné par la pointe Est de la **fausse passe**, et la grosse pointe ronde située vis-à-vis de la **petite passe** et connue sous le nom de pointe de l'Artillerie.

Il existe une autre route pour venir des passes de Bulari à Numea; c'est celle qui se dirige d'abord sur le mont d'Or, en passant au Sud, et près du récif de l'îlot Amédée, très-accore dans cette partie. Elle est suffisamment indiquée sur les cartes; on pourra la prendre quand le soleil masquera la vue au Nord, et que l'on craindra de passer dans le voisinage du banc de *la Thisbé*, banc sur lequel plusieurs bâtiments se sont échoués, n'ayant pu l'apercevoir à temps.

PASSE DE DUMBEA (1). — Lorsque avec les vents généraux de S. E. on attaquera le grand récif sous le vent des passes de Bulari, on pourra atteindre Numea par la passe de Dumbea. De cette passe on relève au N. 72° E. le mont d'Or par le morne N'doï, sommet Sud de la pres-

____

(1) Voyez la carte n° 1905, Port-de-France (Numea) et Saint-Vincent.

qu'île de Numea. A 4 milles au N. E. de l'entrée se trouve une île de sable boisée, nommée Ndu (**île du Signal**). On a élevé sur sa pointe S. O. une petite pyramide *blanche* qui tranche sur la couleur foncée des arbres, et fera reconnaître sûrement la passe à 2 ou 3 milles en dehors.

A 2 milles à l'Est de l'île Ndu se trouve un banc, nommé à juste titre le **banc Dangereux**. Presque à fleur d'eau, et composé entièrement de corail, il ne brise pas de beau temps, et est naturellement invisible sous les reflets du soleil. On sera sûr de le parer tant qu'on ne relèvera pas le mont d'Or à gauche de la pointe Nord de l'île de Brun (île aux Lapins). Quant aux autres dangers compris entre la passe et l'île Nu, ils sont tous visibles, et avec le secours de la carte particulière (n° 1939), le louvoyage de Dumbea à Numea ne pourra présenter aucune difficulté.

INSTRUCTIONS. — La passe étant plus étroite que celle de Bulari, le courant y est plus fort et produit de forts remous et clapotis lorsqu'il est contrarié par la brise et lors des grandes marées ; il porte presque constamment à l'Ouest. Dès qu'on l'aura franchie, on relèvera au N. 43° E. un îlot boisé, de forme ronde, que l'on apercevra dans la baie de Dumbea ; on gouvernera directement dessus pour passer à l'Ouest d'un petit récif triangulaire accore au N. O. et terminé à l'Est par un petit banc de sable. Ce petit récif est à 1 mille ½ au Sud de l'île Ndu. Dès qu'on l'aura doublé, on serrera le vent au plus près, parce que le plus souvent il refusera à mesure qu'on approchera de terre. Il sera même très-rare que l'on puisse atteindre en bordée la petite passe de Numea.

ATTERRAGE DE NUMEA PAR L'EST. — Les bâtiments venant de l'Est reconnaîtront d'abord **l'île des Pins**, plateau élevé, remarquable par son pic unique, conique et régulier, que l'on aperçoit de plus de 30 milles, de beau temps. Selon qu'on l'aura attaqué par le Nord ou par le Sud, on pourra arriver au canal Woodin, soit par les passes de la Sarcelle ou de la Havan-

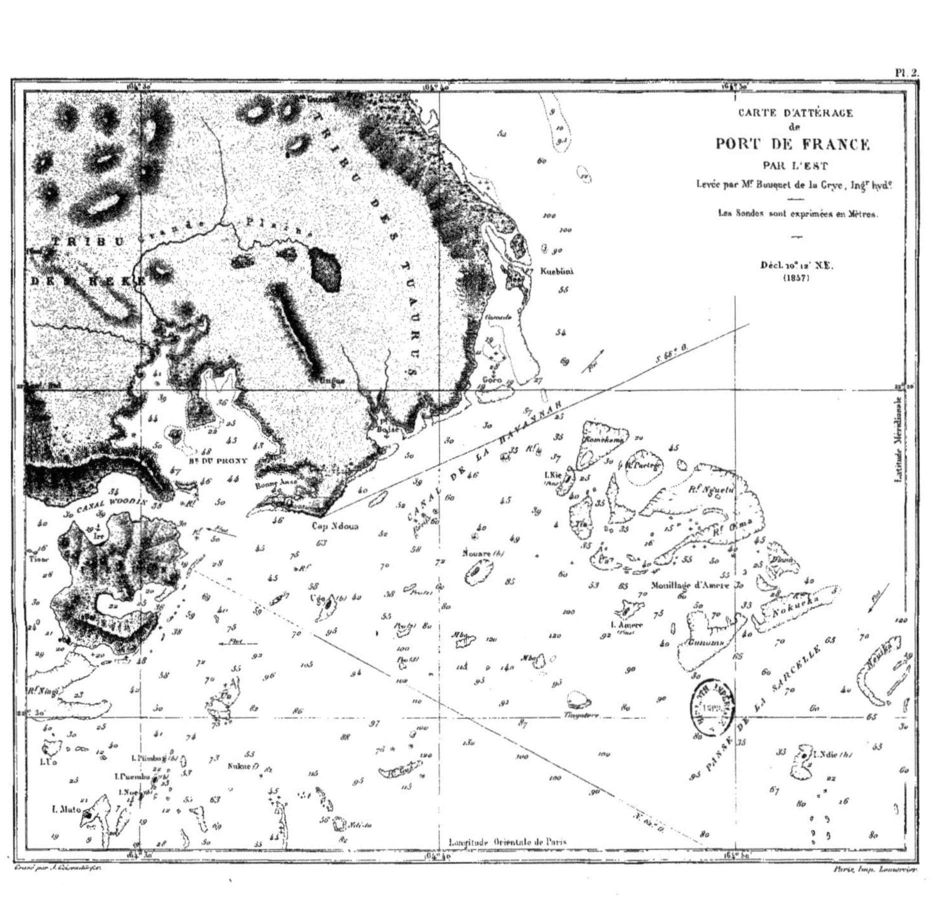
CARTE D'ATTÉRAGE
de
PORT DE FRANCE
PAR L'EST
Levée par Mr Bouquet de la Grye, Ingr hyde
Les Sondes sont exprimées en Mètres.
Décl. 10° 12' N.E.
(1857)
S. 66° O.
TRIBU DES TUAURUS
TRIBU DE THÉKÉ
Grande Plaine
Kuebüni
Goro
Baie
Bf DU PRONY
CANAL WOODIN
Bonne Anse
Cap Ndoua
CANAL DE LA HAVANNAH
Komokomp
I.Kie
Rf Partog
Rf Nguetu
Rf Oma
Nouare
Mouillage d'Amere
I. Amere
Nokurka
Gunuma
PASSE DE LA SARCELLE
I.Ndie
Tiepatere
Mouly
Rf Ningi
Tsou
I.Uo
I.Piimbo
I.Puemba
I.Nue
I. Mato
Ndi-iu
Latitude Méridienne
Longitude Orientale de Paris

nah, soit en traversant le golfe compris entre l'île des Pins et le récif du Sud. Nous examinerons d'abord le passage le plus fréquenté, celui de la Havannah (1). Après avoir reconnu l'île des Pins, on dirigera sa route de manière à venir attaquer les récifs qui la joignent à la grande terre. Les grands bâtiments devront avoir une vigie dans la mâture dès qu'ils s'en estimeront à 8 ou 10 milles, parce que la chaîne des récifs de la côte Est se prolonge jusqu'à la **passe centrale**, à une profondeur moyenne de **30 mètres** à **40 mètres**. Interrompue en quelques endroits, elle présente dans d'autres parties de petits plateaux assez peu couverts pour laisser voir le fond. Nous n'avons découvert et constaté ce prolongement qu'après avoir terminé l'hydrographie de cette partie de l'île ; mais nous croyons pouvoir affirmer qu'il ne présente aucun danger sérieux, la limpidité de l'eau permettant de voir d'assez loin le fond par **12 et 14 mètres**. En approchant les brisants, on ne tardera pas à apercevoir les deux îlots **Amere** et **Kie** (les deux seules îles basses du récif couvertes de nombreux sapins), ainsi que le **cap N'doua**, pointe élevée, escarpée, tachée de rouge et de noir, qui se projettera sur l'île Uen, dont la pointe S. E. sera en vue. (Voir le plan n° 2.)

PASSE DE LA HAVANNAH. — Outre les écueils de **Kie** et de **Ionontea**, qui ne marquent pas toujours, malgré leur peu de profondeur, on devra se défier de deux autres dangers que nous avons découvert depuis la publication des cartes de Calédonie. Le premier, **roche noire** peu étendue et couverte de 3^m5 d'eau, se trouve à 2 milles $\frac{2}{10}$ au S. 24° E. de la petite île **Toemo** ; le second, plus étendu, de couleur blanchâtre et couvert de 4^m5 d'eau, se trouve sous le méridien de Nouare et le parallèle du plus Sud des récifs Ionontea. Le banc **Vandegu** nous a semblé peut-être un peu plus étendu dans le S. S. O. que ne l'indiquent les cartes. Nous y avons trouvé, de

---

(1) Voir les cartes françaises, n°ˢ 1819, ports de la passe Havannah ; 1845, Île Uen et canal Woodin, et 1856, Kunie et la Grande Terre.

mer basse, quelques sondes de **8 mètres** et une de **7ᵐ5**, à bord de *la Bonite*. On fera bien de l'éviter de grosse mer ; nous l'avons vue déferler dans un gros temps. Le récif **Ioro** est accore, on pourra le laisser indifféremment par bâbord et par tribord. Le flot est plus fort à terre du récif, et le jusant plus fort au large.

MARÉES. — L'établissement est de 8 heures 30 minutes environ dans la passe de la Havannah. Le flot et le jusant atteignant parfois **5 nœuds** dans ce canal, comme nous l'avons dit plus haut, on devra attendre le flot pour le franchir avec des vents de S. O.

INSTRUCTIONS. — Dès que l'on relèvera le cap N'doua au S. 67° O., on gouvernera directement dessus, et on se maintiendra dans le milieu du chenal, malgré le courant, en ayant soin de tenir toujours le cap N'doua par le deuxième **mamelon** de l'île Uen à partir de gauche. Il faudra, surtout si le soleil gêne la vue, déterminer fréquemment sa position par des relèvements pour éviter les nombreux dangers semés à l'Est de ce canal. Le cap N'doua est très-accore ; il en est de même du récif qui borde la côte dans le canal, excepté à son extrémité Nord, à la sortie du détroit. Du cap N'doua au canal Woodin on évitera les basses **Hydrographe** et **Moziman**, et la basse située à 1 mille E. S. E. de la pointe N. E. de l'île Uen, en ne faisant jamais mordre le pic Ia sur les deux pointes d'entrée du canal. Lorsqu'on entrera de nuit ou que le soleil masquera la vue dans l'après-midi, on n'amènera pas le cap N'doua au Sud du N. 88° E. jusqu'à ce qu'on ait dépassé la queue du récif de l'entrée de la baie du Sud, ce dont on s'assurera de nuit par le relèvement de la pointe S. E. de l'île Uen.

Attention. — Dans aucune circonstance on ne doit mouiller dans le canal de la Havannah ; le fond y est partout de roche dure, et aucun bâtiment n'y tiendrait, même en calme. Si l'on craint de ne pouvoir arriver dans une marée à la baie du Sud ou à l'île Uen, il vaut mieux donner dedans et aller passer la nuit au **Port-Boisé** ou à **Goro** que de la passer au large, surtout dans l'hivernage et aux nouvelles et aux pleines lunes. On pourrait ainsi perdre plusieurs jours dehors, soit par suite d'un changement de temps, soit parce qu'on aurait été entraîné trop loin par les courants. Entre 5 et 7 heures du matin, on aura presque toujours la brise de terre pour sortir de ces petits ports.

MOUILLAGE DE GORO.—La passe Nord de Goro se trouve sur l'alignement de la pointe Nord d'Amere par la pointe Sud de Kie. On tiendra compte du courant pour donner dedans, et on devra veiller le fond avec soin. Le récif du Nord n'est pas accore à l'entrée; celui du Sud est coulé à peu de profondeur dans l'intérieur de la passe. Le port de Goro est soumis à des courants continuels, mais modérés relativement à ceux du canal.

MARÉES.—Le jusant y entre par la passe du Sud, près de Toemo, et sort, partie par la passe du Nord, partie par la passe du Kuebüni, en longeant la côte. Le flot suit le mouvement inverse, mais, pendant les trois premières heures, remonte la côte également au Nord.

INSTRUCTIONS. — En gouvernant d'après les indications de la vigie, on contournera la partie coulée du récif sur lequel est la petite île de **Toemo**, et l'on ira mouiller au milieu du port par **20 mètres**, fond de sable, en relevant cette île au S. O. ou au S. O. q. S. Si l'on craint du mauvais temps dans la nuit, et que l'on veuille mouiller sur un fond d'excellente tenue, on mettra d'abord au N. 72° O. un **gros cap** saillant, dont le sommet, en forme de dôme pointu et aplati, est reconnaissable par deux **grands sapins** qui le dominent, et on gouvernera directement dessus. Arrivé à 2 encablures du cap, on viendra sur tribord, et l'on prolongera la terre sous petite voilure sans augmenter cette distance; après 4 encablures parcourues à cette nouvelle route, on pourra mouiller par **19 mètres**, vase molle. On sera là en sûreté contre le coup de vent le plus violent.

Il faut éviter seulement de s'avancer au Nord après avoir trouvé les fonds de vase, à cause des roches et des petits fonds de coraux qui recommencent peu après. Toute la partie Nord et Est du port de Goro est remplie par le récif, sur lequel il reste à peine quelques décimètres d'eau. La partie la plus profonde se trouve le long de la côte; mais ce chenal, profond de **40 mètres** au Sud et près du cap dont nous venons de parler, se rétrécit progressivement et n'existe plus en arrivant à la grande cascade.

Eau. — On trouvera au Nord du cap et près du mouillage un ruisseau où l'on pourra faire de **très-bonne eau**, et au pied du cap même des petits sapins qui pourront faire d'excellents **espars**, tels que vergues de perroquet et autres.

PORT BOISÉ. — Le Port Boisé est parfaitement fermé, à l'abri de tout courant, et présente un fond de très-bonne tenue. Les pointes du récif d'entrée se prolongent à peine sous l'eau; après avoir franchi la passe, on ira jeter son ancre au milieu du port par **26 mètres**, vase.

Le **port de Gue** n'est accessible qu'aux embarcations, et ouvert au S. S. E.

BAIE DU SUD. — Le mouillage de la baie du Sud est le troisième que pourront prendre les bâtiments qui seront arrêtés devant le canal Woodin par la nuit ou par les vents d'Ouest et le commencement du jusant. Cette baie offre un mouillage de bonne tenue, mais presque partout par un très-grand fond. En temps ordinaire, les navires qui n'auront que la nuit à y passer pourront y mouiller à la pointe Est de l'entrée et près de terre, par **18 ou 20 mètres**, et n'auront rien à craindre avec les vents d'E. S. E. On trouvera un mouillage plus sûr dans l'anse de l'Est, dans laquelle on pourra s'avancer très-loin. La côte y est accore, mais il faudra avoir soin de ne pas mouiller par moins de **40 mètres** à l'entrée et **35 mètres** au fond, parce que ce n'est qu'à cette profondeur qu'on trouve le chenal de vase de bonne tenue. Des deux bords de ce chenal, assez étroit, qui occupe le milieu de l'anse, on trouve **20 à 14 mètres**, fond de roche. Le plan de la baie du Sud indique suffisamment tous les mouillages que l'on y peut prendre (1).

Ressources, eau. — Le littoral de la baie du Sud est inhabité ; elle n'a été fréquentée jusqu'à présent que par les bâtiments qui sont venus y exploiter du sapin et des bois durs pour les besoins de la colonie. On y trouvera d'excellente eau douce dans la rivière située tout au Nord de la baie ; mais cette aiguade étant très-éloignée, les bâtiments en passage auront tout avantage à aller faire leur eau à l'île Uen. On y prend aussi d'excellentes huîtres auprès de sources d'eau chaude. On sait que le poisson est assez souvent empoisonné dans les récifs de la Nouvelle-Calédonie ; il est plus dangereux dans la baie du Sud que partout ailleurs. Telles espèces qui sont bonnes dans le canal Woodin ou au large deviennent vénéneuses en baie.

PASSE DE LA SARCELLE. — Cette passe, large de près de 2 milles et saine de tout danger, hormis près de la pointe Nord de l'entrée, se trouve à peu près à mi-chemin entre l'île des Pins et la grande terre. Elle est reconnaissable de quelques milles par le rocher **Nitendi**, élevé de 3 mètres, et situé sur le récif du Nord. Elle est traversée par des courants de flot et de jusant presque aussi forts que ceux de la Havannah, et est également soumise au mascaret. (Voir le plan n° 2.)

INSTRUCTIONS. — On prolongera à petite distance les récifs formant le côté N. O. de la passe, et aussitôt après les avoir doublés, on mettra le cap à un demi-quart (5° 37′) à gauche de l'île basse et boisée de **Nouare**, pour passer au Sud et près du récif qui l'entoure. On continuera la même route jusqu'à ce qu'on ait dépassé le récif de **Peo Irr**, qu'on laissera par bâbord, et l'on gouvernera ensuite sur le pic **Ia**, le tenant entre les deux pointes d'entrée du canal Woodin. Nous n'avons jamais pris le mouil-

---

(1) Voyez le plan n° 1820, baie du Prony.

lage d'Amere ou de Cook, mais nous croyons qu'il ne peut offrir qu'un abri extrêmement précaire.

Attention. — Lorsqu'on arrivera devant les passes de la Havannah ou de la Sarcelle avec des vents d'Ouest, il pourra être avantageux, au lieu de chercher à les franchir, de laisser porter sous le vent de l'île des Pins pour atteindre dans la nuit, en louvoyant, les passes de Bulari ou de Dumbea. On pourra encore traverser la passe de la Sarcelle avec le flot, passer au vent ou sous le vent de **N'die** et du récif **Maria**, pour ranger de près tribord amures les récifs du Sad et moins se souventer.

ROUTE ou PASSAGE PAR LE SUD DE L'ILE DES PINS. — Excepté l'abri très-précaire de l'île Alcmène, il n'existe aucun mouillage sur cette route. Les courants y sont toujours très-modérés jusque par le travers de la passe de la Sarcelle. La carte nº 1915, de M. Bouquet de la Grye, est le guide le plus sûr que l'on puisse prendre pour faire sa route au milieu de cet immense dédale de récifs. Les bâtiments qui viendront du S. E. iront se ranger sur le relèvemeut du pic **Ia**, pour suivre la route indiquée sur la carte. Lorsqu'on arrivera par le Sud, on pourra, selon le vent, ranger à l'Est les grands récifs du Sud, passer à l'Ouest du récif **Gue** et venir mouiller dans la baie du Sud, ou faire route sur les passes de Bulari (1).

CANAL WOODIN. — Ce canal pittoresque, qui s'épare l'île Uen de la grande terre, est accore dans toutes ses parties, profond de **35 à 48 mètres** dans toute son étendue, exempt de dangers, et présente dans la baie d'**Ire** un mouillage excellent en toute saison. C'est le seul passage que l'on peut suivre lorsqu'on vient de l'Est, tout l'espace compris au Sud de l'île Uen étant hérissé d'innombrables récifs qui rendent la navigation dangereuse et très-difficile. La pointe avancée qui sépare la baie du Sud du canal, ainsi que les deux îlots qui la prolongent, sont

---

(1) Voir les cartes françaises nº 1915, Nouvelle-Calédonie, partie Sud, et nº 1856, de Kunie à la Grande-Terre.

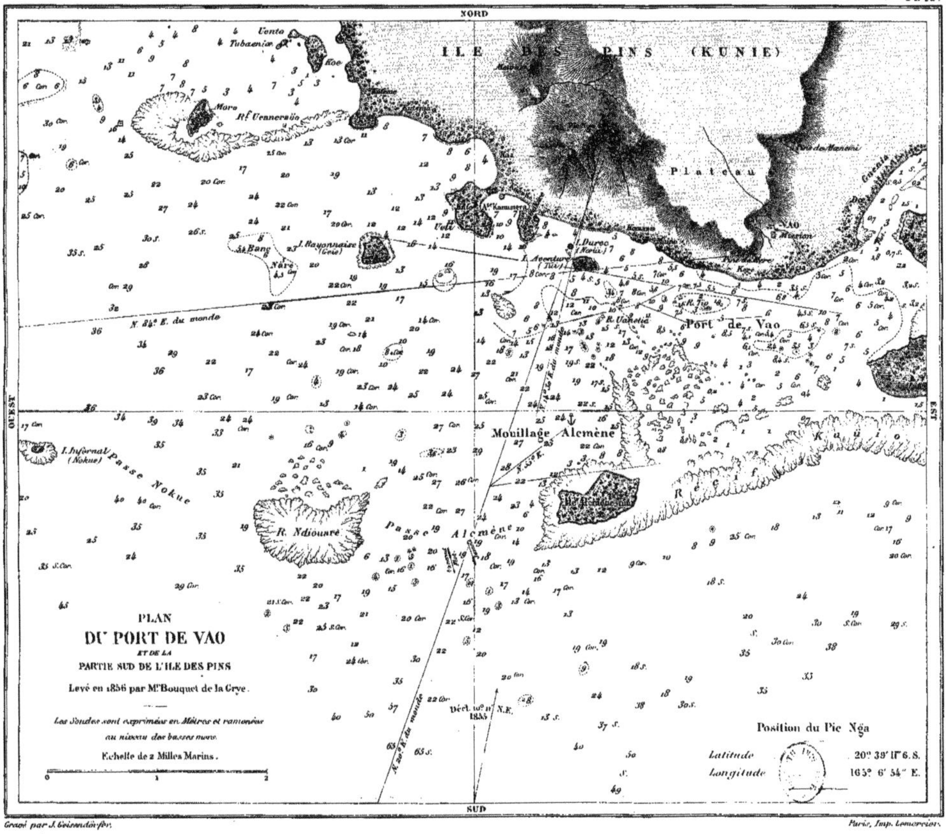

NORD

ÎLE DES PINS (KUNIE)

Plateau

OUEST

EST

SUD

Passe Nokue

I. Infernal (Nokue)

R. Ndiounré

Passe Alcmène

Mouillage Alcmène

Port de Vao

Récif Kaurio

Déct. du 11 N.E. 1855

PLAN
DU PORT DE VAO
ET DE LA
PARTIE SUD DE L'ÎLE DES PINS

Levé en 1856 par M.Bouquet de la Grye.

Les Sondes sont exprimées en Mètres et ramenées
au niveau des basses mers.

Échelle de 2 Milles Marins.

Position du Pic Nga

Latitude .... 20° 39′ 11″ 6. S.
Longitude .... 165° 6′ 54″ E.

Gravé par J. Geisendörfer.

Paris, Imp. Lemercier.

couverts de sapins assez nombreux. Tout le fond du canal est de corail mou ; il y a cependant une tenue assez bonne pour les ancres. Il nous est arrivé trois fois, étant pris en calme plat sans pouvoir atteindre avant la fin de l'étale de la marée une des anses de l'île Uen, d'y mouiller sur une petite ancre à jet et 80 mètres de touée et d'y passer la nuit sans avoir chassé, malgré la force du courant.

MARÉES. — Le flot vient de l'Est et le jusant de l'Ouest avec une vitesse de 4 nœuds en temps ordinaire, 5 nœuds dans les grandes marées.

L'ILE UEN présente dans presque toutes ses parties un sol très-ferrugineux, extrêmement tourmenté, et un terrain absolument stérile, si l'on en excepte quelques étroites lisières à Kuture, dans la baie **Kute** et à l'embouchure de quelques ruisseaux (1). Les terres du fond de la baie Kute sont sensiblement plus basses que le reste de l'île, d'où il résulte que, vue de grande distance, dans l'Est ou dans l'Ouest, l'île Uen semble former deux îlots séparés. Les ports de Kuture et de Kute ne sont pas fréquentés, ne se trouvant sur aucune route. Ils sont d'un accès dificile pour l'entrée et la sortie, et par cela même bien abrités du large ; la carte n° 1845 de l'île Uen suffira pour y guider le navigateur. La côte Nord de l'île présente trois anses ; la première à partir de l'Est n'a pas de profondeur, et par suite n'offre aucun abri.

Baie des Pilotes ou **Kuo** (2). — La seconde, dite baie des Pilotes, est profonde, demi-circulaire, a environ 500 mètres d'ouverture, et peut offrir un très-bon mouillage aux petits bâtiments. On se dirigera vers le fond de l'anse, on mouillera au centre par **24 mètres**, vase, à 1 encablure de terre, et l'on aura 200 mètres d'évitage dans tous les sens. Le récif de terre déborde la falaise de quelques mètres seulement, est taillé comme un quai dans toute son étendue, et cesse devant la plage de sable rouge

---

(1) **Voyez** les cartes françaises n° 1894, de l'île Uen à Port-de-France (Numea); n° 1845, île Uen et canal Woodin.

(2) **Voir** la planche de la page 51.

du fond, dont la pente sous l'eau est de 45 degrés. Il n'existe aucune roche ou haut-fond dans la baie. La mer y est toujours belle, mais le flot et le jusant y occasionnent des remous dont la conséquence est un changement d'évitage continuel pendant la force du courant. L'ancre y est trop enterrée dans la vase pour se surjaler, mais il faudrait se garder d'y affourcher. (Voir le plan n° 3.)

L'eau y est excellente et très-aisée à faire. On débarquera ses barriques à la partie droite de la grève; elles seront roulées aisément par-dessus une petite dune de sable de 60 mètres de large, derrière laquelle se trouve le ruisseau, assez profond pour y couler une pièce d'une. L'embouchure du ruisseau, située plus sur la droite, est encombrée de cailloux et de vase. Nous insistons sur ces détails en apparence futiles, parce que la bonne eau est en général très-difficile ou très-longue à faire en Nouvelle-Calédonie (qui est loin d'être aussi arrosée que Taïti), et particulièrement aux environs de Numea. Cette aiguade est accostable de tout temps, très-près du bord, et on y pourra faire son plein d'eau dans une seule journée. Les bâtiments venant de l'Est avec leurs caisses vides auront avantage à retarder d'un jour leur arrivée à Numea; ils pourront, s'ils jugent l'évitage trop petit pour eux, aller mouiller à la baie d'Ire.

La **baie d'Ire**, large et profonde de plus de $\frac{1}{2}$ mille, offre un abri sûr contre les plus forts coups de vent. Les deux côtés sont bordés d'une lisière de coraux, étroite et très-accore; le fond de la baie, bordé de sable jaune vaseux, est rempli par un banc de vase couvert seulement de quelques **pieds** d'eau jusqu'à deux encablures de terre. Derrière la grève de sable existe un terrain plat, assez étendu, souvent noyé, dans lequel viennent se perdre deux ruisseaux d'un accès difficile. L'eau y est saumâtre et salée dans les grandes marées. Le meilleur mouillage est par **16 à 20 mètres,** en tenant la pointe Ouest de l'entrée par le pied du pic Ia, et les deux pointes Est d'entrée très-peu ouvertes. On n'y ressentira presque par l'influence des courants.

Au Nord du canal est une grande baie ouverte aux vents et à la mer du S. E.; dans toute circonstance, le mouillage d'Ire est bien préférable. On trouve une **bonne aiguade** à la partie N. O. de cette baie. Les bâtiments mouillés à la baie d'Iré ne devront pas y envoyer leurs canots, à cause de la violence des courants du canal.

Les embarcations qui se rendront de la baie d'Ire à la baie des Pilotes devront faire attention que, pendant le flot, il existe à toucher terre un contre-courant qui porte à l'Est; le contraire a lieu pendant le jusant.

Roche. — A la pointe Ouest de la baie, qui forme la pointe de sortie du canal, se trouve une roche couverte de 6^m5, située à environ 30 mètres du récif de terre. A la pointe de sortie opposée sur la grande terre, à 8 encablures O. N. O. de la première, le récif de terre est coulé et dépasse au Sud de quelques mètres **l'alignement** du cap N'doua par le cap le plus Nord de l'île Uen. Il n'y a pas d'autres dangers dans le canal.

DE L'ILE UEN A NUMEA. — La route primitivement suivie du canal Woodin à Numea, et passant au Sud et très-près du **Porc-Epic,** dernier îlot du petit archipel situé au pied du mont d'Or, nous semble devoir être modifiée pour deux raisons. Les bâtiments entrant par la Havannah parcourront généralement cette dernière partie de la route dans l'après-midi, le soleil leur masquera les deux récifs dangereux, **Oliver** et **Prévoyante,** qui ne brisent pas et ne sont couverts que de quelques pieds d'eau. Le flot portant au Nord dans la baie de Bulari, on pourra la nuit et de faible brise être drossé sur le banc situé au Sud de **N'gea** et même sur le récif de la petite île **Tue**, où le *Tanemanu* s'est échoué dans cette circonstance. En sortant du canal Woodin on gouvernera donc à l'O. $\frac{1}{2}$ N., route qui fera passer au Nord et tout près de l'île de sable **Tareti**, visible de 5 milles, dont le récif est assez accore. Lorsqu'on relèvera au Nord le **Porc-Epic**, rocher remarquable en ce qu'il est le seul couvert de sapins sur toute la côte Ouest, on viendra d'un quart et demi (16° 50') sur tribord, à l'O. N. O., laissant ainsi tous les dangers à bonne distance.

Vents. — Les vents d'E. S. E. sont souvent sensiblement plus frais dans l'Est que dans l'Ouest de l'île Uen, qui les arrête parfois plusieurs heures dans la matinée lorsqu'ils ne sont pas frais dehors.

PORT DE NUMEA. — La rade est vaste, d'un accès facile et parfaitement abritée ; elle est formée par une presqu'île accidentée qui présente dans ses découpures plusieurs anses pouvant recevoir des navires de fort tonnage et par l'île Dubouzet qui court parallèlement à la côte et en est séparée par un canal d'une longueur de 3 milles et d'une largeur moyenne de 1 mille. Ce canal, qui a deux issues, l'une au Sud, l'autre au N. O., offre partout un mouillage à l'abri de tous les vents ; il est divisé en deux parties par un banc qui le coupe à son point le plus étroit sans toutefois interrompre la communication de l'une à l'autre aux navires calant moins de 5ᵐ4. La partie Sud est le port et le mouillage ordinaire des bâtiments.

C'est sur l'île Nu que l'on a établi les bâtiments des pénitenciers. Numea est le siége du gouvernement et la résidence du gouverneur.

Le soin minutieux avec lequel ont été rédigées et gravées les cartes de M. Bouquet de la Grye rend au reste inutile une description plus détaillée de ce mouillage, peut-être le plus beau et le plus sûr de l'île (1).

Eau. — Les bâtiments éprouvent des difficultés à s'y procurer de l'eau douce. L'aiguade se trouve en grande rade, à peu près à mi-longueur de l'île Nu et à quelques mètres du bord de mer. C'est une citerne autour de laquelle on a élevé un petit mur d'appui en maçonnerie, auprès de l'ancien établissement Paddon. L'accostage en est difficile pour les embarcations avec une forte brise de S. E., l'eau y est de très-médiocre qualité et se fait avec une pompe à incendie. Il existe pour les besoins de la ville des puits particuliers donnant d'assez bonne eau.

---

(1) Voir la carte n° 1939, **Port-de-France (Numea), Dumbea**.

MARÉES. — Les courants de flot et de jusant sont faibles en rade ; le flot porte au Nord et le jusant au Sud ; ils sont sensibles dans la petite passe de l'île de Brun.

Pilotes. — Un service de pilotage est établi à Numea, mais les pilotes n'ont aucune station en dehors de la rade. Une tour carrée, servant de sémaphore, domine la ville et est élevée de 95 mètres au-dessus du niveau de la mer. Elle est visible de 20 milles du Sud à l'O. N. O., quand elle n'a pas été blanchie depuis trop longtemps.

CHAPITRE III.

NAVIGATION INTÉRIEURE DE NUMEA A KANALA.

—

NAVIGATION INTÉRIEURE. — Il n'est pas possible de faire le tour entier de la Nouvelle-Calédonie par l'intérieur des récifs, parce que ces derniers, depuis le Nord de la baie d'Uaraï jusqu'au cap Goulvain, ne laissent aucun passage entre eux et la terre. Le plateau de corail est continu depuis son accore extérieur jusqu'au rivage, à l'exception de quelques fosses sans issue ; sa largeur est très-variable, elle se rétrécit beaucoup aux environs de Buraï et peut être considérée comme interrompue devant ce petit port, ne laissant plus qu'une étroite bande le long de terre. Cette navigation ne peut donc s'effectuer qu'en deux parties : de Numea à la baie de Mueo par la côte Est, et de Numea à Uaraï (1). Un bâtiment à vapeur de bonne marche peut aller dans une journée de Numea à Kanala ou de Kanala à Balade. Nous examinerons d'abord ces deux premières étapes.

INSTRUCTIONS. — Les bâtiments qui se rendront de Numea à la côte Est pourront faire toute leur navigation dans l'intérieur du récif ; ils devront dans tous les cas passer par le canal Woodin et par celui de la Havannah, quelle que soit leur dimension. Ce serait perdre beaucoup de temps et de chemin que de sortir par la passe de Dumbea pour aller doubler en louvoyant l'île des Pins.

---

(1) Voir les cartes nᵒˢ 1960, Nouvelle-Calédonie ; 1856, Kunie et la Grande-Terre ; 1915, Nouvelle-Calédonie, partie Sud, 1ʳᵉ feuille.

Attention. — Avant de détailler cette navigation intérieure, nous donnerons deux avis essentiels aux bâtiments
qui l'entreprendront pour la première fois. Si bien faites
qu'aient été les explorations hydrographiques auxquelles on
doit le levé complet d'Uaraï à Tupeti exclusivement, par le
Sud, le nombre des dangers cachés sous l'eau est assez grand
pour que l'on en découvre de temps à autre de nouveaux ;
à plus forte raison en reste-t-il à connaître dans tout le reste
de l'île, où aucun travail régulier n'a encore été fait (1). On
devra donc avoir toujours un homme intelligent en vigie
dans la mâture. Excepté dans quelques baies et devant les
grandes embouchures, où l'eau se trouve décolorée par les
terres délayées, on apercevra à près de 1 mille, étant à
25 mètres ou 30 mètres de hauteur, les pâtés couverts de
7 mètres d'eau, et l'on verra le fond le long du bord
par **18 et 20 mètres** au moins. Lorsque le temps est
nuageux, il arrivera de prendre des effets de soleil pour
des hauts-fonds ; l'œil s'habituera promptement à les reconnaître ; leurs changements de forme et leur mouvement
les indiqueront du reste assez. Avoir le soleil devant soi
est la circonstance la plus défavorable qui puisse se présenter, car il masque absolument la vue s'il n'a au moins
65° de hauteur.

Lorsqu'on naviguera dans le Grand Récif, il sera toujours
prudent, si l'on n'a pas un bon pilote, ou si le temps n'est pas
très-sûr, de s'assurer pour la nuit un mouillage convenable
ou de prendre le large. Les fonds compris entre le Grand Récif et la terre varient de **30 à 40 mètres** ; ils sont presque partout de roche dure ou de corail ; quelquefois le plomb
de sonde ordinaire rapporte de la vase ; la sonde à lance
édifiera sur cette apparence trompeuse, en remontant à
bord avec 0^{m}06 de vase sur la tige dont le bout sera
émoussé ou marqué de corail. Quoique plusieurs bâtiments
aient mouillé sans accident entre le Grand Récif et la terre,
nous considérons cette manœuvre comme très-dangereuse,

(1) L'hydrographie de tout le Nord de l'île, de Poebo à Mueo, vient
d'être terminée par M. Banaré, dont les travaux ne sont pas encore arrivés en France.

surtout à cause de la rapidité des changements de temps et de vent. Si l'ancre chasse une fois, elle ne s'arrêtera plus et cassera son jas ou ses pattes ; ou bien, si elle est tombée dans un trou, il faudra la sacrifier ainsi que deux ou trois maillons de chaîne. D'un autre côté, les récifs n'abritent nullement de la mer du S. E. et du N. O., ils la rendent au contraire plus courte et plus creuse, partant plus fatigante. La côte Ouest est abritée de la mer du S. O. parce que le récif est partout à fleur d'eau ; il n'en est pas de même sur la côte Est : le récif qui l'entoure étant coulé en beaucoup d'endroits, n'abrite pas de la mer du N. E. En dedans comme en dehors des récifs, du reste, la mer est réputée mauvaise à juste titre dans tous ces parages, particulièrement dans le canal qui sépare les îles Loyalty de la Calédonie. Remontant un jour dans le S. E. par ce passage avec un vent grand frais, la goëlette de l'État *la Calédonienne*, excellent bâtiment de mer très-solidement construit, reçut en plein travers une lame sourde, déviée de sa direction normale, qui la fit engager, précipita une partie du lest sous le vent, cassa les jambettes et les chaînes des haubans du vent, et mit le navire dans la plus terrible situation.

Si la mer devient très-grosse aussitôt qu'une forte brise se déclare, elle tombe aussi très-rapidement en dedans des récifs. La partie de l'île où nous l'avons toujours vue la plus forte est autour des récifs **Nokanhui**, au S. E. de l'île des Pins. Avec une forte bourrasque de S. O. et flot, nous sommes encore au-dessous de la vérité en disant que la lame déferle à 20 mètres de hauteur sur ces récifs. On peut juger du sort d'un bâtiment qui irait s'échouer là.

DE NUMEA A L'ILE UEN. — L'île Uen sera la première étape qu'un bâtiment bon voilier pourra atteindre à la fin de sa journée. On devra partir de très-bonne heure pour profiter de la brise de terre ; on s'élèvera au vent entre l'île Mando et le **récif** de l'île Maître ; on aura soin de ne pas rallier de près la partie Nord et N. E. de ce dernier, très-peu accore. Une fois ce récif doublé au vent, on aura de la longueur à donner à ses bordées ; il sera préférable, avec vent droit debout, de le pro-

longer vers le Sud pendant le flot, et de ne pas s'écarter de
la grande terre pendant le jusant. Si la brise est trop faible
pour atteindre la baie d'Ire, on trouvera toujours meilleure
tenue près de terre qu'au large.

MOUILLAGES. — On pourra aller mouiller pour
la nuit : 1° dans la baie de Bulari, à l'Ouest du mont d'Or ;
2° près du Porc-Épic, à l'Est ou à l'Ouest ; 3° à 1 mille au
Nord ou au N. E. de Tareti, où l'on trouvera un bon fond
de vase ; 4° dans la baie N'go, petit port assez bien fermé,
mais dont les abords seront souvent en calme lorsque la
brise sera faible au large ; 5° dans la baie Uie.

BAIE UIE. — Ce dernier mouillage devra être pris
lorsqu'on rencontrera devant le canal Woodin le courant
de flot, qu'il est impossible de refouler en louvoyant. La
tenue est bonne à Uie, on y peut faire de l'**eau** sur la côte
N. O. et au pied du pic Ia. Il ne faudra pas s'avancer beaucoup en baie, parce que l'on serait trop abrité le lendemain matin pour avoir de la brise de bonne heure, et que
les fonds sont rocheux et irréguliers au N. E. de la baie.

INSTRUCTIONS. — Lorsqu'on appareillera le matin, soit de Uie, soit de la baie d'Ire, pour remonter le canal avec des vents d'Est, il ne faudra le faire que de jusant
ou tout à fait à la fin du flot. Dans toute l'étendue du canal, on peut pousser ses bordées jusqu'à toucher terre ;
avec le jusant on évitera de s'enfoncer dans la baie du Nord,
on n'y aurait presque plus de courant pour soi. Il faudra, à
la sortie, se défier de la basse **Moziman,** qui n'est jamais
visible de l'Ouest, le matin. S'il fait trop calme pour que
l'on puisse sortir dans une marée par la Havannah, on pro-
fitera néanmoins du jusant pour aller mouiller dans la
baie du Sud, d'où l'on pourra appareiller à toute heure et
avoir une bonne bordée pour prendre le flot debout dans
le canal avec les vents d'E. S. E.

Si l'on remonte le canal de la Havannah contre les vents
de N. E. avec jusant, et que l'on trouve le mascaret établi
à l'entrée, on devra avoir soin de donner dedans tribord

amures, si l'on est à l'Est du milieu du canal, parce que les remous portent quelquefois avec une grande force au Sud et au S. E., et que l'on tomberait dans le voisinage dangereux de **Kie**, l'état de la mer pouvant empêcher de virer de bord.

Si l'on veut se rendre à un point de la côte Est par l'extérieur du récif, il faudra tenir l'île Kie au S. q. S. O. jusqu'à ce qu'on relève au N. 37° O. le pied des montagnes de la côte Est, l'extrémité des terres basses qui sont à leur pied n'étant visible que d'une certaine hauteur. La pointe Sud du **grand récif coulé** qu'on laissera ainsi à petite distance sur bâbord a été sondée avec soin ; les brassiages indiqués sur la carte sont les plus petits.

KUEBUNI. — C'est à Kuebüni que commence la côte Est de l'île. Si l'on suit la route intérieure, on pourra rallier davantage la terre et l'on passera d'abord devant la petite coupure de Kuebüni, dont nous dirons quelques mots. La lisière étroite de plaine, qui descend d'**Unia** à la Havannah, se termine par deux îles et quelques îlots, plateaux de corail très-durs, et d'une faible élévation. Ils forment avec la pointe Sud de la plaine et la grande terre une baie située au Nord de Goro, impraticable, de mer basse, pour les embarcations, excepté dans un chenal compris entre les deux îles **Nu** et **Nea**, formé par le passage du courant d'eau douce d'une rivière assez abondante qui tombe à l'Ouest de Nu. C'est la seule entrée praticable pour les caboteurs. Cette coupure longue de 1,200 mètres, un peu sinueuse et dirigée de l'O. N. O. à l'E. S. E., est profonde et saine, à l'exception d'un **pâté** situé à peu près au milieu de sa longueur et près du côté Sud. On n'a pas sondé ce pâté, mais il est assez profond, quoique visible. Les bords de ce chenal sont formés par le récif de corail presqu'à fleur d'eau. A l'extrémité O. N. O. se trouvent sur le côté Nord **deux petites îles** ; celle du S. E., située sur l'accore du récif, est ronde, remplie par un bouquet de sapins très-verts et extrêmement serrés, qui la fait reconnaître de très-loin. Cette petite île est l'île Kuebüni. Celle du N. O. possède aussi des sapins, mais en quantité moindre,

et se termine au Nord par une grève de sable avec deux
cases. Du côté de la grande terre se trouve une autre île,
ou bloc de corail, également couverte de sapins.

Mouillage. — La direction de la passe est donnée par
l'alignement de l'extrémité Sud des sapins de cette troisième île, avec l'extrémité Sud des sapins de Kuebüni,
relevées au N. 68° O. Arrivé au tiers du chenal suivant cet
alignement, on viendra légèrement sur tribord pour parer
le pâté mentionné plus haut, et l'on viendra mouiller par
21 mètres, vase, sous l'île Kuebüni même, avec un
grélin d'évitage sur l'île et un autre sur une ancre à jet
mouillée au S. O. Plus avant dans la coupure, à l'Ouest de
la deuxième île, on serait à l'abri de la mer, mais sur des
petits fonds de corail de mauvaise tenue. Somme toute,
ce port n'est bon que pour les grosses embarcations qui seraient arrêtées par des vents debout et du gros temps devant la Havannah (1).

RÉCIF DANGEREUX. — A quelques encablures
au N. E. de l'entrée de Kuebüni est un **pâté dangereux;**
il ne marque que lorsque la mer est houleuse, et par intervalles ; la lame se creuse alors beaucoup et brise avec violence. Il faut, pour l'éviter, tenir la petite île de **Toemo**
visible par la pointe la plus Est de l'île **Nea** jusqu'à ce que
la pointe Nord de cette dernière soit bien mordue par la
pointe Sud de l'île Nu. Une ligne de **hauts-fonds,** espèce
de digue de corail, joint ce pâté à la partie Nord de l'île Nu,
et rend le passage impraticable entre lui et le récif de terre.
Aussitôt ce [pâté doublé, on pourra mettre le cap à un demi-quart sur tribord du cap **Puareti** (au N. 31° O.), ou
courir parallèlement à la côte, si l'on va à Yate. Sur les
terres basses du cap Puareti se trouvent deux **bouquets**
de sapins remarquables que l'on prendrait pour un brick,
si on les apercevait après la sortie de la Havannah.

Il n'y a pas moins de **6 mètres** sur toute la partie

---

(1) L'extrémité Sud de la lisière des terres basses, les îles Nea et
Nu, surtout, sont couvertes d'assez nombreux sapins, quoique tout le
sol ne soit que de corail dans cette partie.

du Grand Récif, située au Sud de la passe d'Yate, mais la houle y est parfois extrêmement creuse. Nous avons vu la chaîne briser dans toute sa longueur pendant un coup de vent d'E. S. E. On évitera de rallier de trop près le récif de terre pendant 2 milles au Nord de Kuebüni, à cause de quelques têtes éparses à petite distance au large. Trois milles avant Yate, on rencontrera une pointe du **récif saillant** au large et accore ; elle forme dans sa partie Nord une anse au fond de laquelle une grosse embarcation pourra trouver un abri temporaire. A partir de cette pointe, le récif de terre devient beaucoup plus étroit jusqu'à Yate.

MARÉES. — Sur cette partie de la côte, le jusant porte à l'E. S. E., même à l'E. q. S. E.; de petite brise on peut être **drossé** sur la chaîne coulée du grand récif.

LE PORT D'YATE (Iate sur la carte) est une profonde coupure dans la chaîne de montagnes qui sépare du littoral les hautes plaines de l'intérieur, depuis le Sud de Kuebüni jusqu'à **Unia**. Cette coupure se dirige de l'Est à l'Ouest pendant 1 bon mille, et se termine à l'embouchure de la grande rivière d'Yate (1). D'une terre à l'autre, le port d'Yate est assez large, mais il est resserré par le récif, dont la partie intérieure, coulée à **2 mètres** sous l'eau, dentelée, présentant une pointe saillante de chaque côté de la baie, y rend la navigation d'autant plus dangereuse que les eaux sont souvent assez troubles pour en dissimuler la vue. De plus, ce port est ouvert en plein à la mer et aux vents d'Est, et quoique les fonds de vase du chenal, diminuant graduellement de **12 à 6 mètres**, soient de très-bonne tenue, nous recommanderons d'éviter ce mouillage, si l'on n'y a pas absolument affaire. A la pointe d'entrée Nord se trouvent un **sapin isolé** remarquable, un peu incliné, qui donnera une bonne direction en venant du Sud, et deux **îlots de roche** avec quelques broussailles, près de l'accore du récif de terre. (Voir le plan n° 4.)

---

(1) Voir le plan annexé à ce routier.

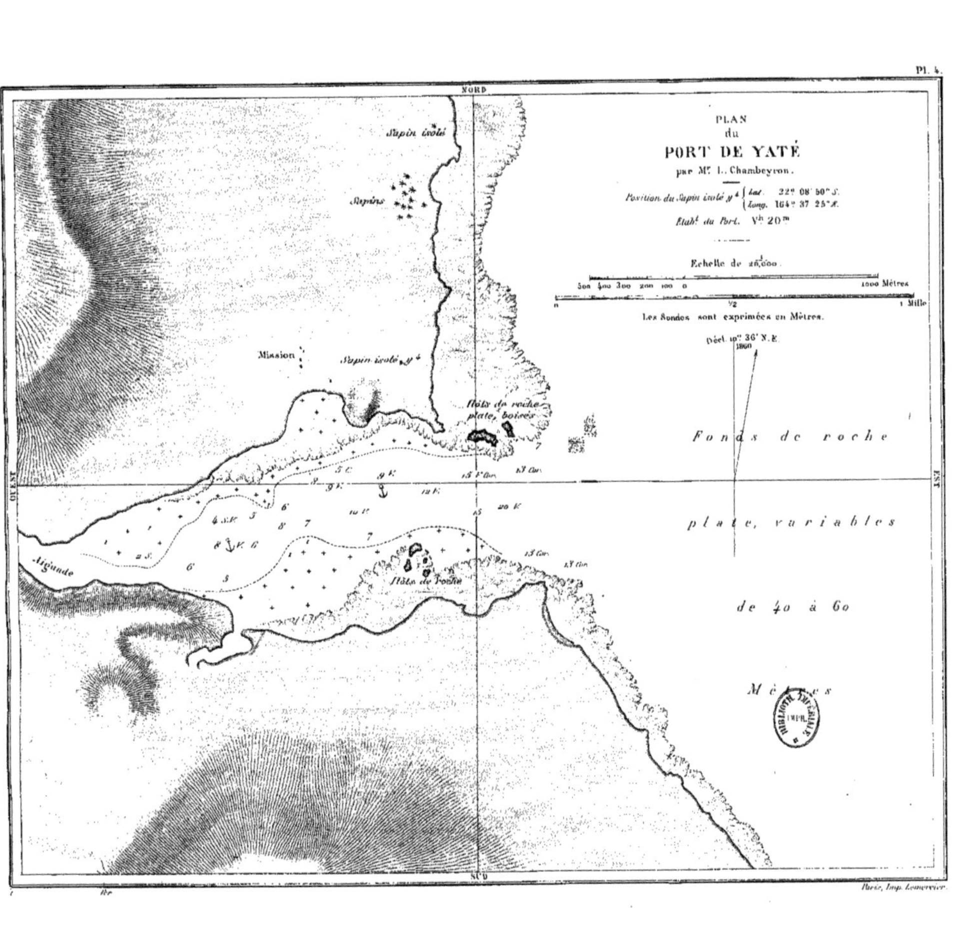

Pl. 4.
NORD
Sapin isolé
Sapins
Mission
Sapin isolé y⁴
Ilôts de roche
plate, boisés
Yaté
Ilôts de roche
Fonds de roche
plate, variables
de 40 à 60
Mètres
OUEST
EST
SUD
PLAN
du
PORT DE YATÉ
par Mᵣ L. Chambeyron.
Position du Sapin isolé y⁴ { lat. 22° 08' 50" S.
                            { Long. 164° 37 25" E.
Étabᵗ du Port. Vᵗ 20ᵐ
Echelle de 1/25.000.
500 400 300 200 100 0   1000 Mètres
½   1 Mille
Les Sondes sont exprimées en Mètres.
Décl. 10° 36' N.E.
1860
Paris, Imp. Lemercier.

Mouillage. — On ralliera de préférence ces îlots, le récif du Sud ayant des prolongements sous l'eau, et l'on pourra mouiller soit devant l'anse de la Mission par **10 ou 12 mètres**, soit en dedans de l'étranglement formé par les pointes du récif coulé, mentionnées plus haut, par **8 et 6 mètres**, vase, au N. N. E. de l'embouchure d'une rivière qui tombe sur la côte Sud. Ce dernier mouillage est à l'abri de la houle du large et offre beaucoup plus de sûreté que le premier. Les terres basses se terminent au fond de la baie; le chenal de la rivière d'Yate, profond de **5 mètres à 6 mètres**, se trouve à toucher la côte Sud. C'est sur la rive gauche de l'embouchure de cette rivière que se trouve l'établissement agricole créé en 1864. Un sentier le relie à la côte Ouest en traversant les bassins des rivières d'Yate, de Kaoris et de Bulari.

On ne pourra sortir d'Yate qu'avec la brise de terre du matin, de 4 heures à 7 heures $\frac{1}{2}$. Cette brise est parfois très-fraîche en rivière, diminue notablement en entrant dans la baie, et cesse presque complétement à l'ouvert des montagnes, en sorte que la sortie du port ne pourra souvent s'effectuer qu'à la remorque des embarcations.

PASSE D'YATE. — A 4 milles $\frac{3}{10}$ à l'Est d'Yate, la branche Sud du grand récif coulé tourne au Nord et le brassiage y augmente beaucoup de profondeur, laissant une passe assez large, de laquelle on relèvera au N. 70° O. uu **bouquet de sapins**, situé au Nord de la baie, et au S. 54° O. le sommet conique **Guemba**, élevé de 591 mètres, qui domine les montagnes voisines et sera un bon amer pour reconnaître Yate à distance.

A 3 milles $\frac{8}{10}$ au N. 55° E. de l'entrée du port, se trouve un large et **dangereux pâté** couvert de très-peu d'eau, limite Sud d'une nouvelle branche de récif. Ce pâté brise peu de beau temps, parce qu'il est entouré de hauts-fonds qui arrêtent la force de la mer. Le récif qui remonte au N. O. a plus de $\frac{1}{2}$ mille de large, se compose de têtes nombreuses séparées par de petits intervalles profonds; pendant les 2 premiers milles, à partir du pâté, on trouve à peine **3 mètres** d'eau sur la chaîne; elle diminue alors de largeur à mesure que sa profondeur augmente.

LA COTE, à partir d'Yate, remonte directement au Nord pendant 2 milles, puis fait à l'E. N. E. un crochet au bout duquel se trouve un petit **îlot de corail.** Dans cette partie, le récif de terre est très-large, et présente une coupure assez profonde, mais impraticable, formée par les eaux d'une rivière assez forte. La côte commence ensuite à s'infléchir vers l'Ouest; le récif de terre est très-étroit pendant 2 milles, et reprend ensuite une grande largeur par suite du rentrant de la côte, qui est marqué par un autre petit îlot de corail.

ROUTE INTÉRIEURE. — Après 12 milles parcourus au N. 31° O., depuis le pâté situé à la sortie de Kuebüni, on sera à peu près par le travers de **deux îlots** de corail situés sur le récif. C'est au N. E. q. E. de ces îlots que le récif coulé est le plus étroit et le plus profond : il se compose d'une simple arête couverte de 14 mètres d'eau. En ce point, la côte arrondit un peu vers l'Ouest, la route deviendra le N. 45° O. La lisière de terres basses devient plus étroite, les montagnes présentent un aspect monotone, sans sommets saillants, et l'on rencontre quatre coupures dans le récif. Après 3 milles ½ parcourus à cette nouvelle route, on relèvera au Sud et au S. O. deux **grands sapins** isolés situés sur le bord de la mer, et quelques bouquets de cocotiers. Ces deux sapins se trouvent en face de la troisième et de la quatrième coupure.

MAMIE. — La dernière coupure est assez considérable pour abriter de fortes embarcations contre la mer du large et se trouve au Nord d'une vallée que traverse la rivière de Mamie, dont l'embouchure est assez large. Ce petit port de refuge est sur la limite des tribus d'Unia et d'Yate. La côte Nord est peuplée et bien cultivée; on s'y procurera aisément quelques provisions et rafraîchissements.

ROUTE. — Le récif et la côte infléchissant encore vers

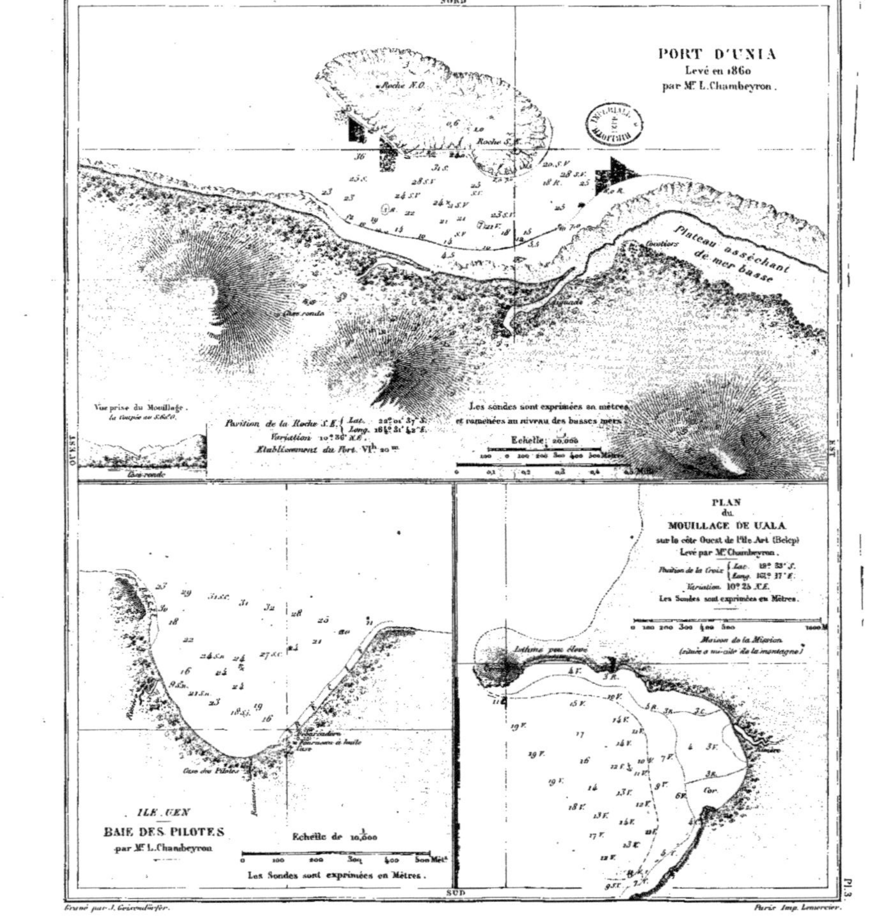

NORD
OUEST
EST
SUD
PORT D'UNIA
Levé en 1860
par Mr L. Chambeyron.
Roche N.O.
Roche S.E.
Plateau asséchant de mer basse
Anse ronde
Vue prise du Mouillage.
la Coupée au 8/10.e
Anse ronde.
Position de la Roche S.E. Lat. 22° 01' 27' S.
Long. 161° 31' 42' E.
Variation 10° 36' N.E.
Etablissement du Port. VIᵉ 30ᵐ
Les sondes sont exprimées en mètres
et ramenées au niveau des basses mers.
Echelle 20.000
ILE GEN
BAIE DES PILOTES
par Mr L. Chambeyron
Echelle de 10,000
Les Sondes sont exprimées en Mètres.
Case des Pilotes
PLAN
du
MOUILLAGE DE UALA
sur la côte Ouest de l'Ile Art (Belep)
Levé par Mr Chambeyron.
Position de la Croix. Lat. 19° 33' S.
Long. 161° 37' E.
Variation. 10° 25' N.E.
Les Sondes sont exprimées en Mètres.
Isthme peu élevé
Maison de la Mission
(située a mi-côte de la montagne)
Pl.3
Gravé par J. Geierouborfer.
Paris Imp. Lemercier.

l'Ouest, on continuera à les prolonger à petite distance en venant au N. 61° O. Ce nouveau coude est du reste nécessaire pour passer à terre des **deux récifs** et de la petite basse de **4 mètres** situés au N. O. d'Unia. Les montagnes de la côte s'abaissent sensiblement, sont moins boisées et la végétation y est interrompue par des terres rouges dénudées, surtout près d'Unia. Il n'y a plus de coupures dans le récif de terre.

D'Yate à Unia, il n'y a pas de mouillage possible entre le Grand Récif et la terre ; la mer y est très-souvent grosse, les fonds sont de roche dure et de **50 à 60 mètres**. Le récif de terre est partout très-accore, on trouve **40 mètres** à moins de $\frac{1}{2}$ encablure. A 2 milles $\frac{1}{2}$ environ au-delà de Mamie, le récif cesse, les terres basses s'infléchissent brusquement au S. O., et l'on aperçoit deux profondes vallées très-voisines, desquelles sortent deux petites rivières.

PORT D'UNIA. — Ce rentrant forme l'excellent petit port d'Unia (Kuanne de la carte), bien défendu du côté du large par un récif à fleur d'eau, aux deux extrémités duquel se trouvent deux petits **blocs** de roche noire remarquables. Un **bouquet** de dix-neuf cocotiers, situé sur la pointe même des terres basses, aidera encore à reconnaître l'entrée, ainsi qu'une **case** ronde, blanche, sur le morne qui sépare les deux vallées. Comme on peut le voir sur le plan, les côtes Est et S. E. d'Unia sont bordées par une lisière de hauts-fonds dangereux ; au S. O. de la rade se trouve une très-petite **roche isolée** couverte de **2ᵐ 7** à basse mer, et près de l'entrée Est, et en dedans, existe une autre **petite roche** de **7ᵐ 2**. Les fonds sont de vase, bonne tenue, dans le reste de la baie. (Voir le plan n° 3.)

MOUILLAGE. — Le meilleur mouillage, par **22 mètres**, vase, est à peu près au milieu du port : on relèvera les deux roches du récif du large au N. 34° O. et au N. 48° E., et la case ronde au S. 57° O. On ralliera de préférence le côté droit de la passe pour s'y rendre. Le récif du large est accore du côté de terre, quoique coulé de **1 mètre** au milieu ; sa pointe N. O. et sa partie Est le sont moins ; la pente est cependant assez roide pour ne pas inspirer de craintes. Il y a dans la passe Est un petit haut-fond de **12 mètres** que l'on a négligé, vu qu'il ne peut offrir aucun danger; la passe de l'Ouest est saine de tout danger. On ne peut ressentir de mer au mouillage du centre qu'avec les vents du N. O. à l'O. N. O. ; la mer du N. E. se trouve complétement brisée avant d'y arriver.

L'entrée Est d'Unia sera impraticable la nuit, si, comme il arrive souvent, les récifs ne brisent pas à l'intérieur. On prolongera le récif du large et l'on viendra mouiller sous son abri par **30 mètres** vase.

Eau. — On fera de l'eau de bonne qualité dans la rivière de l'Est; l'entrée est impraticable pour les canots, mais on peut rouler les barils par-dessus la pointe de sable. Cette rivière remonte au S. S. E. après un parcours sinueux en plaine, derrière les mornes de la côte; elle vient d'une montagne élevée de plus de 700 mètres, dont le versant méridional tombe au pied du lac Nord des plaines intérieures. La rivière de l'Ouest est salée à haute mer.

PASSE D'UNIA. — Si nous suivons le grand récif situé vis-à-vis de cette côte, nous verrons qu'il se relève insensiblement, et devient, vis-à-vis Mamie, un brisant presqu'à fleur d'eau se prolongeant au N. O. q. N. jusqu'au **long pâté** brisant toujours qui forme le côté S. E. de la passe d'Unia. Sur ce pâté se trouve une cavité dans laquelle le sable s'amoncelle; il y a là un **petit îlot** en formation, le seul qui existe sur le grand récif de la Havannah à **Io,** et qui, s'il peut se maintenir, sera un très-bon point de reconnaissance pour la passe. Les coups de vent de N. E. l'ont malheureusement détruit jusqu'à présent. Les relèvements pris sur le pied des montagnes de Kuebüni et sur le petit cap saillant **Tô Ndu,** serviront à faire reconnaître cette passe. Elle se termine au N. O. par un **grand pâté** coulé dont les deux extrémités présentent des plateaux avec des têtes qui ne sont couvertes que de **2 et 3 mètres** d'eau. D'une pointe à l'autre elle est saine sur une longueur de 1 mille 6 et profonde de **40 à 50 mètres**. Au large de la passe se trouvent quelques têtes de corail éparses, profondes de **12 à 15 mètres**. Lorsqu'on sortira par gros temps, on fera bien de les veiller de la mâture, la mer étant parfois très-creuse dessus. Elles sont largement espacées.

Les deux récifs intérieurs situés au N. O. d'Unia brisent toujours ; la carte indique celles de leurs parties qui ne sont pas accores. La basse de **4 mètres** ne brise pas de beau temps.

LA COTE. — D'Unia à l'entrée de la rivière **Purina,** les montagnes de la côte sont très-tourmentées, les terres rougeâtres et stériles ; le littoral ne présente que de faibles sinuosités ; la côte est bordée d'un récif étroit et accore ; à moins de $\frac{1}{4}$ de mille on trouve **40 et 45 mètres** de fond ; une couche de vase de quelques centimètres d'épaisseur recouvre le corail dur. A peu près à mi-chemin d'Unia à la rivière Purina se trouve, sur la côte, un **rocher noir** remarquable, de 25 mètres d'élévation, qui pourra être utile comme point de relèvement lorsque le soleil empêchera de voir les récifs situés au N. O. d'Unia. La vallée de la rivière Purina se dirige au S. S. E.; elle est étroite et profonde, mais le cours d'eau est peu considérable; l'entrée est barrée par un **plateau de roches** coulé. Sa rive gauche se prolonge à 2 milles au Nord, et est assez profondément découpée, ainsi que le récif qui la borde ; elle forme le **cap Tô Ndu** dont la pointe Nord extrême est le seul point de tout ce littoral qui ne soit pas gardé par le récif de terre. Ce cap limite à l'Est la grande baie de **Uinne,** connue en Calédonie sous le nom de baie de la Rencontre.

A la sortie Ouest d'Unia, la lisière des terres basses cesse complétement, ainsi que les grèves de sable.

BAIE UINNE, ou de la RENCONTRE. — Saillant au large et reconnaissable de l'extérieur des récifs, le cap Tô Ndu sera un bon point de reconnaissance pour reconnaître les passes dont nous parlerons plus loin (1). Sa

____

(1) Voir le plan français n° 2036, baies de Uinne et Kuakue.

partie Ouest forme une anse de 500 et quelques mètres d'ouverture au milieu de laquelle on trouvera une très-bonne
tenue par **30 mètres**, vase, et un excellent abri contre les
grands vents et la mer du S. E., en relevant au N. E. q. N.
la pointe Nord de l'entrée. Nous conseillerons cependant
aux bâtiments qui voudront s'arrêter la nuit d'aller mouiller de préférence dans la baie **Kuakue,** dont on peut
aller prendre le mouillage par la nuit la plus obscure, dès
qu'on a reconnu le cap Tô Ndu.

Le plan n° 2036 donne sur les deux baies d'Uinne et
Kuakue toutes les indications nécessaires au navigateur.
Lorsqu'on ira mouiller dans le fond de la baie d'Uinne, on
devra se défier des deux **récifs coulés** qui débordent de
terre de chaque côté et ne brisent pas toujours, et rallier
la petite rivière du Sud, à cause des petits fonds de sable
et de vase qui ne laissent que **2 mètres** d'eau devant
l'embouchure de la grande rivière.

Le brassiage est très-grand dans toute la baie d'Uinne;
dans la partie Ouest, les fonds sont de vase, bonne tenue,
et diminuent graduellement de **40 à 8 mètres**. Les côtes
sont formées par des montagnes abruptes, stériles et tourmentées; à l'O. N. O. de la baie se trouve une espèce de
plaine stérile et ferrugineuse, inondée en quelques endroits,
qui isole au Sud et au S. O. le massif de montagnes, élevé
de 300 mètres à 360 mètres, et très-tourmenté, qui sépare
les deux baies d'Uinne et Kuakue. Une seule embouchure, formée par la côte Nord du fond de la baie d'Uinne
et une pointe de sable, reçoit deux cours d'eau assez larges.
Celui du N. O. est insignifiant, celui du S. O. remonte dans
l'intérieur, est profond pendant 1 mille, ses rives présentent
un aspect pittoresque et sauvage. Le volume de ses eaux, les
dégâts visibles commis par ses inondations, accusent un
torrent assez important; nous n'avons pas eu occasion de
le remonter très-loin. La baie d'Uinne est ouverte à la mer
et aux vents de N. E.; l'appareillage en est quelquefois difficile à cause des calmes et renvois de brise occasionnés par
les grandes-hauteurs entre lesquelles le fond de la baie est
resserré.

L'aiguade indiquée au Sud et près de ce mouillage est très-bonne; les embarcations franchiront aisément la barre au-delà de laquelle elles trouveront l'eau douce presque immédiatement.

LA COTE. — La pointe Nord de sortie d'Uinne est une falaise taillée à pic; la côte est saine et le récif très-accore au pied des montagnes entre Uinne et Kuakue, excepté dans une espèce d'anse très-peu profonde qui commence après deux pointes de récif saillantes, situées à peu près à mi-chemin entre les deux baies. On aperçoit en cet endroit plusieurs sapins au pied de la côte. Après avoir doublé ces pointes, il ne faudra pas se rapprocher de terre jusqu'à ce qu'on découvre le **Porc-Épic** par le cap d'entrée de Kuakue. Ce cap est extrêmement accore, et forme le côté Nord d'une baie où l'on trouvera par **40 mètres** un fond d'excellente tenue (1).

BAIE KUAKUE. — Quoique cette baie soit ouverte en plein au N. O., nous y avons reçu pendant notre campagne hydrographique un coup de vent extrêmement violent de cette partie, pendant lequel le baromètre est descendu à 0ᵐ734. Nous avions 160 mètres de chaîne à l'eau sur notre grande touée, et malgré une mer monstrueuse les ancres n'ont pas chassé d'un mètre. Ce n'est qu'avec le secours du flot que nous avons pu les arracher du fond.

Avec les vents de la partie de l'Est, ce mouillage est extrêmement tranquille, et la houle du large ne s'y fait jamais sentir, tandis qu'elle est toujours très-forte dans la partie N. O. de la baie, et souvent même en-deçà du petit cap boisé et escarpé, à falaise noire, qui forme l'anse S. E. de la baie. Avec des vents d'O. N. O., on pourrait trouver un mouillage temporaire par **20 mètres**, vase, sous le Porc-Épic; mais, excepté dans cette circonstance, nous conseillerons d'éviter ce mouillage, à cause d'un pâté de **2 mètres** que la décoloration de l'eau rend souvent invisible, et de la houle qui rend la côte, hérissée de hauts-fonds ou de récifs,

---

(1) Voir la carte française n° 1957, Nouvelle-Calédonie, côte **Est.**

presque continuellement inabordable en embarcation. Dans l'anse du N. O. tombe une rivière assez considérable, mais dont l'entrée est complétement barrée. En cet endroit, les montagnes s'enfoncent dans l'intérieur et laissent un bout de plaine triangulaire en partie cultivé par les indigènes.

L'eau se fait assez difficilement à Kuakue. Dans le fond de l'anse de S. E., remplie de hauts-fonds et de têtes de corail, il y a deux ruisseaux dont l'eau est saumâtre. Les rivières de l'Ouest étant salées et du reste inabordables, le seul ruisseau qui pourrait donner d'excellente eau se trouve au S. O. q. S. du gros cap d'entrée de Kuakue et tombe sur le littoral à son intersection avec la ligne qui passe par le bout du cap du milieu de la baie et le rocher pyramidal qui se trouve à la pointe N. E. du Porc-Épic. Nous définissons ainsi la position, parce que le ruisseau se perd dans les sables à la sortie du bois et est invisible de la rade. La côte étant bordée d'un récif, on ne pourra l'accoster que de très-beau temps.

PORC-EPIC est un îlot relié à la terre par un isthme de sable qui couvre et découvre. Son sommet N. E., très-escarpé du côté du large et élevé de 92 mètres, est couvert de quelques sapins. Il est prolongé à l'Est par un **plateau de corail** qui ne couvre jamais, et qui est surmonté d'une aiguille de roche remarquable élevée de 18 mètres à 20 mètres.

Attention. — Les relèvements pris sur les pointes de ce littoral découpé serviront à éviter les pâtés de corail, situés dans la baie Kuakue et au large. Il arrive souvent, après de grandes pluies, que les basses les plus à terre deviennent invisibles par suite de la décoloration de l'eau. Le pâté de **10 mètres**, qui se trouve le plus au large, est peu étendu, de forme circulaire, fond blanc, et n'offre aucun danger. Le plus oriental, de teinte noire, est extrêmement difficile à voir, mais trop profond (**15 mètres**) pour inspirer la moindre crainte.

LA COTE. — A partir d'Unia, la crête intérieure des

montagnes se trouve à 750 mètres environ de hauteur, c'est-à-dire de 300 mètres plus haute qu'à Kuebüni. Cette hauteur augmente en approchant d'Uinne, et dépasse 1,200 mètres dans le N. O. de Kuakue. De nombreuses forêts couvrent plusieurs de ces sommets.

GRAND RÉCIF. — A partir de la passe d'Unia, le Grand Récif, toujours coulé, se compose de **larges pâtés** de formes irrégulières et se divise bientôt en deux branches parallèles qui se suivent pendant près de 10 milles. Au N. q. N. E. d'Unia, au Nord de Kuakue, ce récif est infranchissable (sinon peut-être de beau temps pour les petits bâtiments, en quelques endroits), excepté par les trois passes indiquées sur la carte.

Petite Passe. — Étant devant la première en partant du Sud on apercevra, si le temps est clair, les montagnes de Kuebüni légèrement ouvertes à gauche de celles du cap Puareti, et l'on relèvera l'arête droite du cap Tô Ndu au S. 59° 30′ O., et le cap de Kuakue au N. 88° O. Gouvernant directement sur le cap Tô Ndu, on traversera perpendiculairement au récif cette passe, large de $\frac{1}{3}$ de mille et d'une profondeur variable de **27 à 48 mètres;** ce dernier brassiage est celui qu'on trouvera en suivant la direction indiquée. Les hauts-fonds de droite et de gauche sont bien visibles de la mâture, et accores.

PASSE D'UINNE. — L'entrée de la deuxième passe a 1,200 mètres de largeur. La direction que nous indiquons est perpendiculaire à cette entrée, mais oblique au récif à cause de la pointe avancée au S. E. de la branche extérieure de ce dernier, qu'on laissera sur tribord. Relevant le cap de Kuakue, reconnaissable de l'Est à très-grande distance, au S. 84° O., on gouvernera directement dessus. On trouvera dans la passe plus de **50 mètres** d'eau, et $\frac{1}{2}$ mille après l'entrée, après avoir doublé un pâté détaché, visible et couvert de **4 et 5 mètres** d'eau, on pourra venir sur bâbord si la route à faire l'exige. Autrement on pourra courir sans danger jusqu'à Kuakue.

Entre la première et la deuxième passe et sur le récif

3.*

coulé qui les séparé, se trouvent deux **plateaux** ne découvrant jamais, mais brisant presque toujours de beau temps.

PASSE DE KUAKUE. — La largeur de l'entrée de la troisième passe dépasse un peu 1,300 mètres. On la franchira par le milieu en gouvernant soit sur le cap Tô Ndu que l'on aura mis au S. 9° O., soit sur la pointe Nord de la baie de la Rencontre (Uinne) que l'on aura mise au S. 35° 30' O. Les fonds sont irréguliers et entre **55 et 85 mètres**. Au N. O. de cette dernière passe, la branche intérieure du récif présente plusieurs **coupures profondes** dans lesquelles il faudrait **se garder** de donner, car on tomberait bientôt sur la branche extérieure, entièrement barrée.

Nous avons déterminé plusieurs sondes exactes entre le grand récif et la terre, dans cette partie. On voit que les fonds varient de **50 à 70 mètres**; la sonde à lance accuse toujours de la roche; nous avons toujours trouvé la même fond depuis la Havannah, en sondant sans déterminer de positions. Ce sera donc un effet du hasard si un bâtiment y peut tenir à l'ancre.

ROUTE INTÉRIEURE. — Nous avons indiqué plus haut la route intérieure à suivre jusque par le travers d'Unia. Lorsqu'on arrivera Nord et Sud du premier pâté qui se trouve à 1 bon mille au N. N. O. du récif d'Unia, on reviendra un peu sur tribord, et l'on gouvernera au N. 52° O., sur la coupée que l'on apercevra alors entre l'île **Tupeti** et la grande terre, pendant 24 milles; on sera alors devant l'île et à l'entrée du passage de **Mamere**, dont nous parlerons tout à l'heure. Sur cette route on laissera à un bon $\frac{1}{2}$ mille sur bâbord le pâté le plus au large de Kuakue, qui est couvert de **10 mètres** d'eau.

LA COTE. — Entre Kuakue et N'goë, la côte, constamment battue par la mer, est presque toujours inabordable. Les montagnes, incultes et arides, tombent à la mer suivant une pente escapée. Le récif de terre est assez étroit et accore pendant 2 milles, jusqu'à l'embouchure d'un fort ruisseau; au delà il est défendu par des hauts-fonds de corail s'étendant à 2 encablures au large environ, jusqu'à un **brisant** situé sur un plateau de roche coulé saillant à 1,400 mètres de la côte. Au Sud du brisant se trouve l'embouchure d'une rivière assez considérable, qui traverse une vallée étendue. Cette embouchure a deux branches, formées par une île plate qui ne déborde pas de la côte et est couverte de quelques sapins. Elle n'est accostable que pour des pirogues. Au-delà du banc de roche qui se projette au large, le récif de terre redevient accore jusque près de l'entrée d'une baie demi-circulaire qui précède N'goë ; cette baie ouverte au large et remplie de pâtés de coraux reçoit une rivière dont le lit est la plus courte route par laquelle on puisse se rendre de la côte Est au sommet le Humboldt, élevé de 1,640 mètres au-dessus de la mer. A 1 mille au S. E. de l'entrée de cette baie, le récif de terre projette au large un plateau brisant toujours, à la pointe S. E. duquel se trouve un **récif isolé**, noyé, mais toujours visible.

PASSES DU SOLITAIRE. — C'est par le travers de cette partie de la côte que se trouvent les deux passes du Solitaire ; celle du S. E. est la coupure la plus belle qui existe dans le récif de la côte Est. Un **pâté de récif** isolé et brisant toujours, dont la plus grande dimension est de 1,200 mètres du Nord au Sud, sépare ces deux passes. Il est reconnaissable en ce qu'il est isolé de tout autre brisant sur le récif extérieur à grande distance, et parce qu'il existe près de son accore S. O. une **petite roche** qui ne couvre jamais ; c'est le seul point visible au-dessus de l'eau entre le petit **îlot du Sud** de la passe d'Unia et l'île **Verte** (Nilouti), située vis-à-vis de **Io**, sur le grand récif extérieur. Le côté Ouest de ce pâté est assez accore. Le côté Est projette au large deux branches **coulées** dont la plus méridionale forme la pointe N. O. de la passe S. E., large de 3,300 mètres et d'une très-grande profondeur. Cette passe est limitée au S. E. par un très-**petit pâté** de roche situé au N. O. et à toucher un récif coulé de 1,500 mètres d'étendue. Au S. E. de ce récif se trouve une passe de $\frac{1}{3}$ mille de large, bornée au S. E. par un **récif** presque à fleur d'eau, nœud de réunion des deux branches du récif extérieur. Cette passe est en quelque sorte barrée par une dernière branche de récif coulé qui forme un demi-cercle saillant au large, mais qui, profonde de **8 mètres** dans sa partie la plus élevée et très-étroite, ne présente aucun danger, de beau temps.

Du milieu de la passe S. E. du Solitaire on relève : l'extrémité S. E. des montagnes de la grande terre au S. 42° E., le cap Tô Ndu au S. 30° E., le cap Nord de la baie d'Uinne au S. 23° 30′ E., le Porc-Épic au S. 17° O., et la pointe extérieure de l'île Tupeti au N. 58° O. Lorsque le **Humboldt** sera visible, ce qui est assez rare (son sommet, le plus élevé de l'île, est un cône régulier très-aplati), on gouvernera dessus en le tenant au S. 70° O.

La passe N. O. est également saine et profonde ; sa largeur n'est que de 1,400 mètres. On la franchira par le milieu en tenant le Humboldt entre le S. 63° O., et le S. 64° O. Immédiatement après, les deux branches du récif coulé reparaissent pendant près de 1 mille, et sont interrompues par la passe Pavée.

La **PASSE PAVÉE** est ainsi nommée à cause de deux roches, dont une de **4 mètres**, qui en occupent le milieu, et de plusieurs **pâtés détachés** à la partie extérieure Est. La Passe Pavée est large de 2,200 mètres, et est séparée de la passe S. E. de N'goë par un récif très-large, dangereux du côté du large, parce qu'il est coulé à une plus grande profondeur que du côté qui regarde la terre, où il brise presque toujours.

La **PASSE S. E. DE N'GOE** est large de 1,600 mètres, profonde de **55 à 60 mètres**; on la franchira par le milieu en relevant au S. 60° O. l'îlot boisé **Uemie**, qui se trouve à 2 milles $\frac{6}{10}$ en dedans du récif. Ce dernier est coulé aux abords de la passe à une profondeur variable de **3 à 9 mètres**, avec des trous de plus de **40 mètres** de profondeur ; il ne sera guère visible que de la mâture (1).

____

(1) Voyez le plan n° 2044, passages de Mamere.

Un récif de près de 5 milles de longueur sépare la passe S. E. de la passe Nord de N'goë. Ce récif (**Buende** de la carte) n'est pas accore, surtout dans sa partie S. E. ; il brise sur une assez grande étendue. La passe Nord n'a que 850 mètres de large entre les extrémités coulées des récifs ; on n'a pas trouvé fond par **120 mètres** à la sortie. Pour l'attaquer par le milieu, on gouvernera sur l'îlot **Sinde** en le tenant au S. 4° E. Cet îlot se trouve à 3 milles 8 en dedans de la passe.

Aiguille Dangereuse. — Vis-à-vis de la baie qui précède N'goë, et à 2,400 mètres dans le S. E. du récif de ce nom, se trouve une aiguille très-dangereuse, couverte de **2 mètres** d'eau seulement, qui a été découverte par le pilote-chef Le Leizour. Lorsqu'on viendra du S. E. suivant la route intérieure tracée sur notre carte, en relevant Mamere au N. 52° O., on laissera cette roche à 1,500 mètres par bâbord. Nous ne pouvons donner ici que sa position approximative, elle a été déterminée par des relèvements au compas pris sur nos divers sommets de triangulation.

MOUILLAGE DE N'GOE ET PASSAGES DE MAMERE. — La carte n° 2044 donne sur ces passages tous les détails nécessaires au navigateur. La tenue est très-bonne aux divers mouillages indiqués à terre du récif de N'goë ; mais ce récif, quoique à fleur d'eau, n'empêche nullement la mer d'être très-grosse en rade dès que la brise est un peu fraîche. L'eau y étant toujours plus ou moins décolorée, les dangereux hauts-fonds de la rade sont très-difficilement visibles. Les rivières sont salées à une grande distance, courant assez longtemps en plaine unie, et leur entrée est impraticable de basse mer pour les embarcations. Les montagnes voisines de la côte, tachées de rouge entre les parties boisées, sont d'une médiocre élévation et ne présentent rien de saillant.

Les trois îlots de sable boisés Mamere, Uemie et Sinde sont situés sur un grand plateau de corail dur, d'une profondeur moyenne de **30 mètres**, et entourés de

quarante-trois pâtés de corail coulés à des profondeurs variables, entre **1 et 11 mètres**, que nous avons tous sondés avec soin. Ces îlots sont défendus par des récifs accores, excepté celui de Mamere, qui se prolonge sous l'eau de l'Ouest à l'Est par le Sud. A $\frac{1}{2}$ mille au N. O. de Sinde gît le récif **Mendigue**, sur le ,milieu duquel se trouvent deux **petits îlots** de sable blanc, qui, si nous sommes bien renseignés, auraient été emportés depuis peu par la mer pendant un coup de vent. Un chenal de vase profond sépare le grand plateau de la côte ; on devra toujours prendre ce chenal lorsqu'on aura vent sous vergue, parce que si l'on doublait le plateau par l'Est, en lui donnant un peu trop de tour, on en rencontrerait un autre en ralliant la côte de Tupeti. Entre les îlots du large et le Grand Récif se trouve un passage large et profond de **40** à **50 mètres**, où l'on aura tout l'espace nécessaire pour louvoyer contre les vents de S. E. A 2 milles dans l'intérieur des terres et un peu au-delà de lo, on voit une montagne remarquable par sa forme bizarre, nommée la **Dent**, et qui est située au N. 68° O· du pied des terres très-rouges du cap de sortie N. O. du Tupeti. Cet alignement tangente extérieurement les pâtés les plus au large de Sinde et est franc de tout danger entre ces pâtés et Tupeti.

MARÉES. — Le courant de flot, surtout avec forte brise de S. E., porte au N. O. dans ce passage avec une vitesse qui atteint parfois 3 milles à l'heure ; il est toujours faible à terre du plateau dans le chenal sus mentionné.

L'ANSE DU COETLOGON est ainsi nommée, parce qu'elle a été visitée pour la première fois par le bâtiment de ce nom. Elle est ouverte aux vents et à la mer de l'Est, mais la tenue y est très-bonne. Un **sapin isolé**, situé à 7 mètres en dedans de la grève du fond, servira d'amer pour venir prendre le mouillage du milieu de l'anse.

INSTRUCTIONS.—La meilleure route à suivre pour franchir le passage de Mamere est celle tracée sur la carte. En approchant de Mamere, on apercevra le bouquet de sapins de **Uetue,** situé près de la base des montagnes ; dès qu'on le relèvera au N. 79° O., très-peu après avoir dépassé le **récif de N'goë** qu'on aura laissé par bâbord, on gouvernera directement dessus. Aussitôt que l'îlot Sinde paraîtra à gauche de Mamere, on viendra de près de 6 quarts sur tribord et l'on gouvernera sur la pointe extérieure de Tupeti. On passe ainsi très-près de Mamere, à mi-chenal entre les hauts-fonds qui l'entourent et la roche de **4ᵐ 5,** mais le chenal est très-sain et l'on n'a qu'un seul relèvement à prendre. On pourra venir ensuite un peu sur tribord, lorsque l'on sera Est et Ouest de l'îlot Sinde, pour donner du tour au récif de terre assez large, mais accore, qui entoure Tupeti.

Eau. — On ne peut pas faire d'eau à N'goë. Il faudrait pour en trouver remonter assez loin les rivières de **Kundi** ou de **Nogone,** et l'entrée en est rarement possible aux embarcations vides.

L'ILE TUPETI forme la saillie la plus remarquable sur la côte, depuis la Havannah jusqu'au cap **Bégat.** Élevée de 345 mètres au-dessus du niveau de la mer, montueuse et accidentée, elle se détache par sa couleur foncée et sa forme pyramidale des montagnes très-élevées qui sont en arrière, lorsqu'on l'aperçoit au large. Les versants Est, dont la pente est très-roide, sont boisés et couverts d'assez nombreux sapins qui présentent cette singularité, qu'au lieu de pousser verticalement ils sont plantés perpendiculairement au sol. Cette île limite au S. E. le port Bouquet, bon mouillage dont nous examinerons d'abord les environs et la passe.

Baie sans fond. — Au S. E. de l'île Tupeti se trouve une anse assez bien abritée qui offrirait un bon mouillage, si elle n'était obstruée par deux larges **pâtés de corail** isolés l'un de l'autre ; on y voit quelques cultures indigènes. La côte Sud de Tupeti et la côte Nord de N'goë forment une baie profonde, mais presque entièrement remplie par des coraux presque à fleur d'eau. Cette baie, en forme d'entonnoir, communique avec la grande baie de Tupeti par un canal très-court, profond seulement de 1^m2 à 1^m5 et large de 1 encablure, qui sépare l'île de la grand terre.

GRAND RÉCIF. — Au-delà de la passe Nord de N'goë, nous n'avons pas eu le temps de continuer l'exploration minutieuse et détaillée de toutes les parties coulées du grand récif extérieur ; nous renverrons donc aux cartes de M. Bouquet de la Grye pour accompagner nos propres observations et celles de nos devanciers à ce sujet. Le récif qui limite au N. O. la passe Nord de N'goë se termine par des têtes éparses coulées assez profondément ; il court un bon ½ mille à l'Ouest et reprend ensuite la direction générale au N. O., suivant laquelle il est infranchissable pendant 5 milles $\frac{5}{10}$. Sur son centre et à sa partie Nord se trouvent deux longs **brisants** qui ne découvrent pas, mais qui marquent presque continuellement. C'est au-delà du deuxième brisant, assez accore, excepté à sa pointe intérieure, que se trouve la passe de Tupeti, dont le côté du vent se trouve ainsi bien indiqué.

PASSE DE TUPETI (Nokue de la carte). — Sa limite sous le vent est formée par un assez grand pâté infranchissable, mais ne brisant pas. Ce pâté limite au S. E. l'une des deux belles passes qui suivent, et que leur voisinage de l'île **Verte (Nilouti)**, gros îlot de sable boisé, situé sur le récif extérieur, rend faciles à reconnaître et à attaquer. Du milieu de la passe de Tupeti on relèvera l'île Verte, au N. 58° O., à 8 milles, la petite île boisée **Nokue**, située à mi-chemin du récif à terre, au S. 77° O., et le morne Est de l'île **Nenu** au S. 8° O. (**Népenthés** de la carte).

PORT BOUQUET. — L'île Nenu, située devant le port, se présente du large sous la forme de deux mamelons réunis par un col assez bas. Elle possède d'assez nombreux sapins, qui sont les derniers vers le N. O. sur cette partie de la côte. — Une pointe saillante de la côte, qui forme la partie N. O. du port Bouquet, est remarquable par sa teinte **rouge vif** qui tranche sur les terres voisines de même couleur. On apercevra trois passes pour entrer

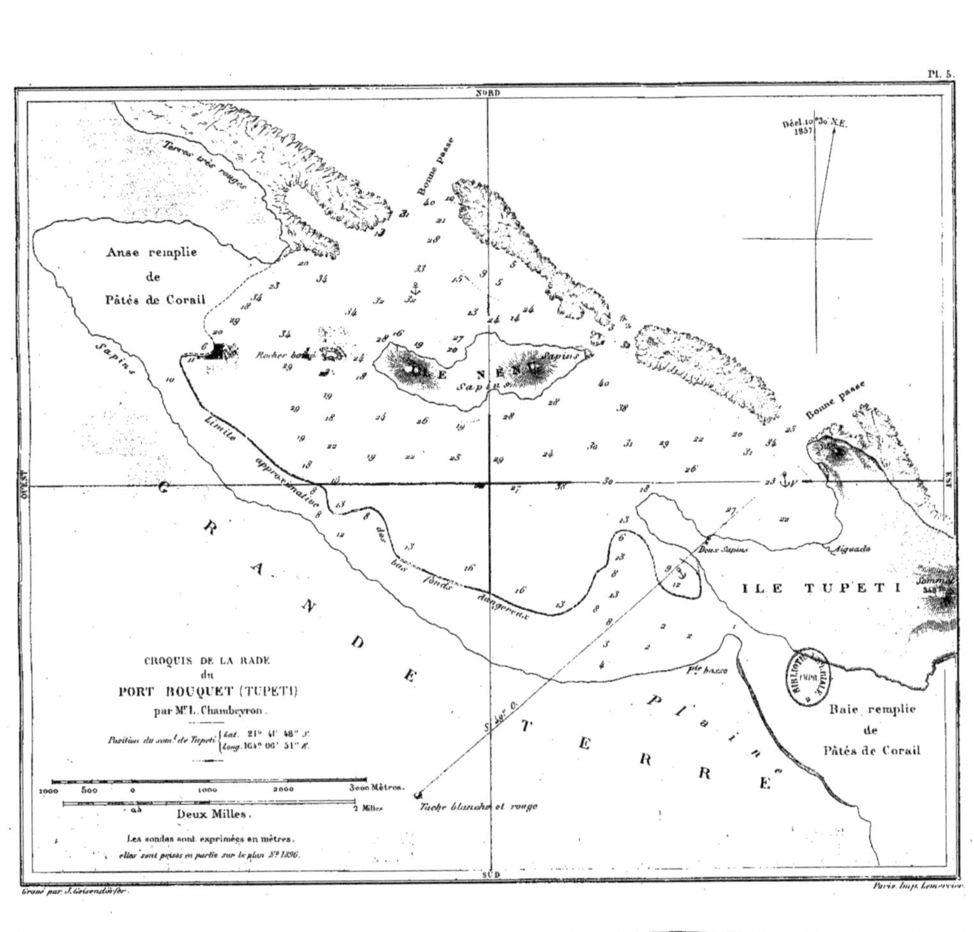

Gravé par J. Geisendörfer.

Paris. Imp. Lemercier.

dans le port Bouquet; celle du milieu, à toucher la pointe Est de Nenu, devra être évitée à cause d'une **roche** qui en occupe le milieu (1). (Voir le plan n° 5.)

INSTRUCTIONS. — Lorsqu'on se rendra de la passe du Grand Récif à l'entrée du N. O., on devra veiller par tribord deux **hauts-fonds** situés dans le voisinage de Nokue, le plus Ouest est à 1,200 mètres ou 1,500 mètres au S. E. de l'île Nokue; lorsque au contraire on fera route sur l'entrée située à la pointe N. E. de l'île Tupeti, il faudra veiller par babord une **petite chaîne de pâtés** coulés de **4 à 8 mètres** qui commence à 2 milles de terre, au N. 56° E. du sommet de Tupeti et se dirige à l'O. N. O. Lorsqu'on viendra du S. E., en rangeant à petite distance les récifs de l'île Tupeti, on ne tardera pas à découvrir le petit **morne** pointu portant à son sommet un **arbre rond** qui forme la pointe gauche d'entrée de la passe et est élevé de 115 mètres. La pointe droite est formée par un récif semblable à celui qui forme le port d'Unia du côté du large, mais plus étendu. Le pied du morne est accore, mais la partie du récif de terre qui l'avoisine est coulée et présente quelques **têtes dangereuses;** on voit dans la passe par un temps clair, des têtes profondes, mais sans danger. On donnera donc un peu de tour, jusqu'à relever le milieu de la passe au S. O., et l'on entrera dedans, suivant cette route.

MOUILLAGES. — De la pointe Est de l'île Nenu (île de Népenthès de la carte) part un **récif brisant** toujours et courant au N. O. Ce récif forme avec l'île une anse triangulaire dont le fond est parsemé de **basses dangereuses** et très-peu couvertes, mais dans la partie N. O. de laquelle on trouvera un très-bon mouillage par **30 mètres**, vase. C'est ce qu'on nomme le mouillage extérieur de Tupeti. La passe N. O. est comprise entre le récif qui borne ce mouillage au Nord et les récifs de la grande terre. Les pointes

(1) Voyez le plan français n° 1896, port Bouquet.

en sont visibles quoique coulées; l'intervalle qui les sépare est sain. Les fonds du mouillage intérieur sont généralement d'assez mauvaise tenue. Aucun cours d'eau important ne tombant dans la rade, le lit de corail n'est recouvert que de très-faibles atterrissements, excepté en deux endroits très-restreints.

Au N. O. du sommet de l'île Tupeti et aussitôt après avoir franchi la passe qui est à la pointe N. O. de cette île, on verra sur la gauche une anse assez profonde et bien abritée, excepté contre les vents du Nord. On aura en face de soi les terres de Tupeti, qui forment un cap avancé vers l'Ouest. On n'apercevra sur ce cap que **deux sapins,** très-voisins l'un de l'autre, dans le S. 38° O. de la passe. (Voir le plan n° 5.)

On trouvera un fond de vase de **24 mètres**, très-bonne tenue, en tenant ces deux sapins par une **petite tache rouge** située sur une montagne de l'intérieur, au S. 49° O., et les terres de Naketi et de Kanala très-peu ouvertes à droite de Nenu. Plus à terre, on trouverait des fonds de roche, puis des têtes de corail. Deux de ces dernières sont bien visibles près de terre dans le N. E. de l'anse. Le second mouillage de bonne tenue se trouve au N. O. du canal qui sépare Tupeti de la grande terre et au S. O. des deux sapins.

Eau. — Une grève de sable occupe le fond de la petite baie de l'île Tupeti ; à son extrémité de droite tombe un petit ruisseau qui tarit rarement, et qui offre une excellente et commode **aiguade.**

INSTRUCTIONS. — Pour aller au second mouillage, on gouvernera à ranger la pointe Ouest de Tupeti, bordée d'un récif très-accore qui forme comme un quai de 300 mètres de longueur, faisant face à l'O. N. O., et l'on s'élèvera dans le S. E. jusque vis-à-vis d'une anse peu profonde, située sur la côte de Tupeti. On ne prolongera ses bordées vers la grande terre qu'avec précaution, les petits fonds s'étendant assez loin au large. On mouillera près de Tupeti par **19 mètres,** vase, et l'on devra éviter de s'engager trop avant, à cause de têtes de roche de **2, 3** et **4 mètres**

que l'on rencontre au moins à 5 encablures avant d'arriver à la pointe de sable avancée qui forme un des bords du canal.

Pour se rendre du mouillage intérieur au mouillage extérieur, on laissera par tribord l'île Nenu, saine et accore; on apercevra bientôt un **rocher** élevé de quelques mètres, boisé, et situé à 400 mètres à l'Ouest de Nenu. Le chenal compris entre les deux est profond de **24 mètres** et sain. La côte de Nenu est accore, le pied du rocher l'est moins. On devra prendre ce passage de préférence à celui qui se trouve à l'Ouest du rocher, à cause des **roches noyées** qui s'y trouvent du côté de terre. L'anse N. O. de Tupeti. assez profonde, est inabordable, étant encombrée de pâtés de récifs. La pointe N. O. de sortie est entourée d'un **récif** assez large qui se rétrécit ensuite et se termine à 1 mille plus loin.

LA COTE. — Toute la côte de la grande terre derrière Tupeti présente un aspect sauvage et morne ; on n'y voit ni cultures, ni habitations. Les hautes montagnes situées à quelque distance dans l'intérieur à N' goë reparaissent sur le bord de mer même, depuis la partie S. E. de Tupeti jusqu'à **Naketi,** sans autre interruption remarquable que la **vallée d'Io ;** la côte est donc extrêmement élevée dans cette partie, mais elle n'est plus inabordable comme de Kuakue à N' goë. Deux milles après la sortie de Tupeti par le N. O., la côte forme un petit rentrant un peu avant lequel le récif de terre devient accore et étroit, et toute cette partie de la côte jusqu'à la vallée d'**Io** est protégée par un récif de 3 milles $\frac{6}{10}$ qui la prolonge à petite distance en courant un peu plus Nord qu'elle. Vis-à-vis d'Io il est à 1 bon mille de terre, sa pointe Sud laisse entre elle et la côte une passe étroite mais profonde. Au S. E. et près de cette passe existent quelques **pâtés** détachés à fleur d'eau, les trois derniers vers la passe de Tupeti tenant à la terre. Ce récif présente deux coupures ; la première est barrée, la seconde présente une belle passe profonde de **45 mètres** ; les pointes en sont coulées.

Tout l'espace compris entre ce récif et la terre présente un fond de vase de bonne tenue, en pente vers le large, et d'une profondeur diminuant de **40 à 9 mètres**. La côte y est saine et très-accore, excepté devant la rivière. On sera bien abrité de la mer du large par le récif; on pourra mouiller à petite distance de terre, les fonds diminuant régulièrement. On éprouvera souvent pendant la nuit des brises fraîches de S. O. auxquelles la vallée sert de déversoir. A l'extrémité N. O. du récif se trouve un **pâté coulé** détaché que l'on devra veiller avec soin.

La vallée d'Io est un des points les plus reconnaissables de la côte, par le fait de la hauteur des montagnes qui la forment, par la singulière dépression que l'île présente lorsqu'on relève la vallée à l'O. S. O., et par le rocher de **Buremere**, noir, pointu, très-élevé et couvert de quelques sapins, qui se détache très-nettement sur la terre dont il semble isolé et à laquelle il est réuni par un petit isthme en dos d'âne. Ce rocher se trouve un peu au-delà de l'embouchure de la grande rivière, dont les bords présentent des cultures indigènes assez étendues. Un peu plus loin se trouve la montagne élevée de **Kundi**, située sur le littoral, et reconnaissable par de grandes taches blanches sur son versant du large, et parce que c'est le point où recommence la chaîne très-élevée qui s'étend sur le littoral, jusqu'à Naketi. Toute cette côte est accore et très-saine depuis Kundi. A 2 milles environ au Nord du rocher Buremere, se trouve l'îlot bas et un peu boisé de **Uemere**, entouré d'un récif coulé en partie. Il y a aux environs de Uemere trois **pâtés** que l'on fera bien de veiller. Le premier est au S. S. E. et à mi-chenal de l'île à terre; il est couvert de **5 à 7 mètres** d'eau et a environ 300 mètres d'étendue. Le second est dans le S. O. de l'îlot, et plus près de ce dernier que de la terre. Le troisième est à $\frac{1}{2}$ mille à l'Est du bout du récif de l'île. A 6 milles au N. 65° E. du même rocher se trouve l'île de sable **Nilouti** (île Verte), couverte d'une puissante végétation qui la rend visible de 8 milles au moins du pont d'un navire.

PASSES DE NILOUTI. — Cette île est assise sur

la partie O. d'un récif assez étendu, et sépare deux belles passes qui n'ont point été levées, mais que nous avons pratiquées plusieurs fois et qui nous ont paru très-saines. Il faudra seulement veiller les **pointes coulées** des récifs qui les limitent, et s'avancent sous l'eau comme de longs musoirs visibles à bonne distance de la mâture. Du milieu de la première on relèvera Nokue au S. 30° O. et l'on pourra faire route sur la vallée d'Io. Du milieu de la seconde on relèvera le rocher Buremere au S. 45° O. et l'on fera route suivant cette direction (1). On évitera ainsi le voisinage des pointes coulées, et de plusieurs **têtes éparses** situées en dedans et près des récifs de l'Ouest. Le récif de l'île n'ayant pas de parties détachées qui le prolongent, on pourra encore suivre de près ce récif à partir de l'île et mettre le cap à terre dès que la vigie signalera l'extrémité de la partie coulée.

ROUTE INTÉRIEURE. — Nous avons donné jusqu'à Tupeti la direction de la route intérieure longeant la côte. Lorsqu'on se trouvera par le travers des récifs qui bordent cette île au Nord, on apercevra à 36 milles au N. 58° O. le cap **Bégat**, très-peu ouvert à droite du cap **Dumoulin**. On suivra cette route pendant 18 milles avant d'arriver à l'îlot bas et boisé **Kinde**, situé au vent de Naketi, et l'on devra veiller à garder les deux caps ouverts en passant par le travers de Uemere, à cause des **petits fonds** que nous croyons exister près de cette île. On aura soin au contraire de les fermer 1 bon mille $\frac{1}{2}$ avant d'arriver à l'îlot Kinde, à cause d'un **grand récif** en fer à cheval tourné vers le Nord qu'on laissera à petite distance par tribord, et qui est assez dangereux l'après-midi à cause de la position du soleil. Le milieu et la pointe Ouest de ce récif sont en partie coulés; on trouve dans l'anse qu'il forme entre ses deux pointes des fonds de sable et corail de **18 à 20 mètres.** On pourra passer très-près de l'îlot Kinde du côté du large ; son récif est accore au N. E., mais

---

(1) En se rendant de la passe Ouest de Nilouti à Naketi, on devra veiller un haut-fond situé à 2 milles $\frac{9}{10}$ au N. 7° O. de l'îlot de Uemere:

il a dans le S. O. une queue qui s'étend jusqu'à mi-chemin de la côte. A 4 ou 5 encablures au N. O. q. N. de Kinde, nous avons trouvé une large **tête de corail** coulée à la profondeur de **11 mètres** et sans danger. Les bâtiments qui n'auront point à entrer à Naketi courront encore 4 milles au N. 58° O.; ils seront alors par le travers de l'île **Nani**, montagne conique et bien boisée, et viendront un peu sur tribord pour longer d'aussi près qu'ils le voudront un récif détaché de la côte qui se prolonge jusque près du cap Dumoulin.

LA RADE DE NAKETI est reconnaissable à bonne distance par l'île Nani qui, quoique peu saillante au large, se détache bien nettement sur les terres qui l'environnent. La baie a environ 2 milles $\frac{5}{10}$ de profondeur et est ouverte aux vents et à la mer du N. E. Elle ne présente aucun danger ; mais le brassiage diminue assez vite en approchant de la rivière dont l'embouchure est au S. S. O. de l'île Nani. Le meilleur mouillage se trouve près de la côte S. E., un peu au-delà de la pointe intérieure de la rade, par **20 mètres**, vase.

Eau. — On fera avec facilité de bonne eau dans la rivière qui est au fond de la baie.

GRAND RÉCIF. — Au N. O. des passes de Buremere, se trouve sur le Grand Récif le petit îlot de sable **Tamake;** toute la partie du Grand Récif comprise entre ce point et la passe de Kanala se présente sous un aspect fort irrégulier, se compose de **vastes pâtés** qui ne se font pas suite les uns aux autres, et n'a pas encore été explorée. Peut-être le récif se compose-t-il là de deux branches parallèles, comme nous l'avons vu vis-à-vis de Kuakue.

ATTENTION. — Aucun point reconnaissable sur les récifs mêmes n'ayant été vu par les capitaines qui ont fréquenté ces parages, il en résulte sur la position de la passe à prendre pour venir à Naketi par le large une indécision assez grande. On doit mettre le cap sur l'île Nani, la relevant au S. 34° O., selon M. de Montravel ; au-

S. 28° O., selon M. Laurent ; au S. 18° O., selon M. Grimoult, et au S. 31° O., selon M. Bouquet de la Grye. N'ayant jamais traversé le récif dans cette partie, nous respecterons ces quatre opinions par la diversité desquelles on peut juger des difficultés que présente cette passe, et émettrons celle qu'une bonne vigie dans la mâture devra tenir lieu de carte jusqu'à la première exploration hydrographique. La limpidité de l'eau loin de terre rendra toujours cette dernière ressource infaillible, tant que l'on ne se dirigera pas sur le soleil. La partie N. O. de l'île Nani tient à la terre par un isthme pierreux et à moitié noyé qui sépare la baie Naketi de l'anse de **Lavaissière.**

LA COTE qui s'étend de cette anse au cap Dumoulin se compose de montagnes élevées, abruptes et tourmentées; elle est défendue par un récif tenant à la terre par sa pointe S. E., et laissant entre lui et le littoral un petit bras de mer bien abrité. Cette côte présente trois anses d'une profondeur suffisante pour qu'un petit bâtiment puisse y évoluer; celle du milieu seule est obstruée par une **tête de corail** qui en occupe le centre. Le Grand Récif n'est fréquenté que dans la passe actuellement suivie pour se rendre à **Kanala** en venant du large; cette passe est dans le N. 8° O. du cap Dumoulin ; on tiendra ce cap par le **Pic des Morts,** sommet conique situé au fond de la rade de Kanala, et se détachant nettement sur les montagnes assez éloignées de l'intérieur. Dans l'espace compris entre le Grand Récif et la terre, nous signalerons un **petit récif** à fleur d'eau surmonté d'un **très-petit îlot** de sable sur l'alignement de la passe et à mi-chemin de celle-ci au cap Dumoulin, et un haut-fond de **13 mètres** à 1 mille au N. 36° E. du même cap. Le récif **Laurent,** indiqué sur la carte n° 1957 par une ligne de points nous a semblé étendu de 3 milles au plus. Il se compose de 3 pâtés séparés et brisant presque en tout temps, au N. O. ou à l'O. N. O. desquels se trouve un **pâté dangereux** sur un coin duquel la sonde nous a donné **8 mètres.**

ROUTE INTÉRIEURE. — Après Naketi, nos explorations hydrographiques ne s'étant pas étendues au-delà de Kanala, nous emprunterons aux instructions de MM. de Montravel, Grimoult, etc., la description de la côte à partir de ce point, en y ajoutant quelques remarques personnelles. Nous allons indiquer préalablement, parmi diverses routes intérieures, celle que nous avons suivie de préférence jusqu'à l'extrémité Nord de l'île.

Après avoir longé à petite distance le récif qui prolonge la côte au vent du cap Dumoulin, on se dirigera sur le cap Bégat que l'on pourra ranger de près. On viendra alors à l'Ouest, pour passer à terre de **deux brisants** que l'on apercevra à 1 mille $\frac{5}{10}$ de la terre au Nord de **Kuaua**. On aura alors l'île **Neni**, île basse et boisée rès-reconnaissable par deux sapins élevés et très-voisins l'un de l'autre, par le sommet le plus élevé du cap **Bocage**. Après avoir dépassé le cap **Kua** en faisant . route sur cet alignement, on gouvernera au N. 70° O., sur les sapins que l'on apercevra à la pointe Sud de la baie **Lebris**, pour passer entre Neni et **Toverù**, autre île basse et boisée. Peu après avoir dépassé ces deux îles, on relèvera le cap Bocage par le cap **Baye** (Pama, à l'O. S. O. de l'île du **Pin**) au N. 35° O.; on fera route sur cet alignement jusque vis-à-vis de la baie Lebris pour parer les dangers qui s'étendent à 2 milles $\frac{5}{10}$ au N. O. de Neni. On viendra alors sur tribord et l'on donnera un pèu de tour au cap Bocage. La côte est saine à la pointe Sud du cap, mais un peu au-delà de cette pointe se trouve, à 3 ou 4 encablures au large une immense **tête de corail** blanchâtre à peine couverte de **2 mètres** d'eau et ne brisant pas de beau temps. On peut passer à terre ou au large des îlots d'**Harcourt**, bas et boisés, au nombre de trois et *non deux*, assis sur de larges récifs, et prolongés dans le N. O. par un quatrième récif sur lequel se trouve un îlot de sable, près du cap Pama. Lorsque l'on passera en dehors, on laissera l'îlot boisé le plus S. E. à 3 encablures sur babord ; de là on fera route soit sur le sommet du **cap Pama** (le mont Puat) ou, s'il est embrumé, sur **deux sapins** remarquables situés à sa gauche sur la crête de la montagne. Leur silhouette se dessine sur le ciel. On laissera ainsi sur tribord **deux pâtés dangereux** et très-peu couverts,

quoique brisant rarement, situés à l'Ouest et à assez grande
distance du brisant de la basse **Bayonnaise**. Après avoir
dépassé le cap Pama, que l'on pourra ranger d'assez près, on
passera entre les deux îlots de **Tidiauot** si l'on se rend à
Wagap; autrement on les laissera à petite distance sur bâbord et l'on gouvernera ensuite un demi-quart sur tribord
d'un bouquet de sapins situé à la pointe du cap **Tuo.** On
rangera de près le récif de terre qui déborde au large de
l'île basse **Atit**, et on suivra à partir du cap Tuo la route du
Styx tracée sur les cartes n°ˢ 1960 et 1921, jusqu'à Puebo.
On trouvera la suite de cette route jusqu'à Belep ou à la
passe **Iandé** dans la description de ces parties de la Calédonie.

CHAPITRE IV.

DE KANALA A BALADE.

LE PORT DE KANALA (1) est le plus vaste, et on pourrait presque dire le seul important de la côte orientale. Borné à l'Ouest par la presqu'île **Hamelin**, et à l'Est par le massif de terres hautes qui le séparent de la baie de Naketi, qui en est à 11 milles dans l'Est, il se présente d'abord comme un canal de 3 milles de longueur, courant du N. N. O. au S. S. E. depuis le cap Dumoulin jusqu'à la pointe **Moirant**, ayant à son entrée 1 mille $\frac{1}{4}$ de largeur et près de 1 mille à son point le plus étroit. Le seul défaut du port de Kanala est la grande longueur de son goulet qu'il est difficile de remonter avec le vent contraire pour un navire à voile. A partir du cap Dumoulin, ce canal se développe dans toute sa longueur du N. N. O. au S. S. E., et se termine brusquement dans cette direction par deux pointes saillantes, en arrière desquelles s'élève un rideau de terres hautes qui limitent le fond de la baie, dans la direction de l'O. N. O. à l'E. S. E. La pointe Moirant sur la côte de l'Est et la pointe **Jacquinot** sur celle de l'Ouest sont les limites du goulet vers le Sud. A la première de ces pointes, le gisement général s'infléchit d'un quart vers l'Est, présentant successivement le port d'Amata, le port de Mackau et le port d'Urville. A la pointe Jacquinot, la côte occidentale du canal qui, jusque-là,

---

(1) Extrait du rapport de M. Tardy de Montravel, capitaine de vaisseau, commandant la corvette *Constantine*, 1853-1854.

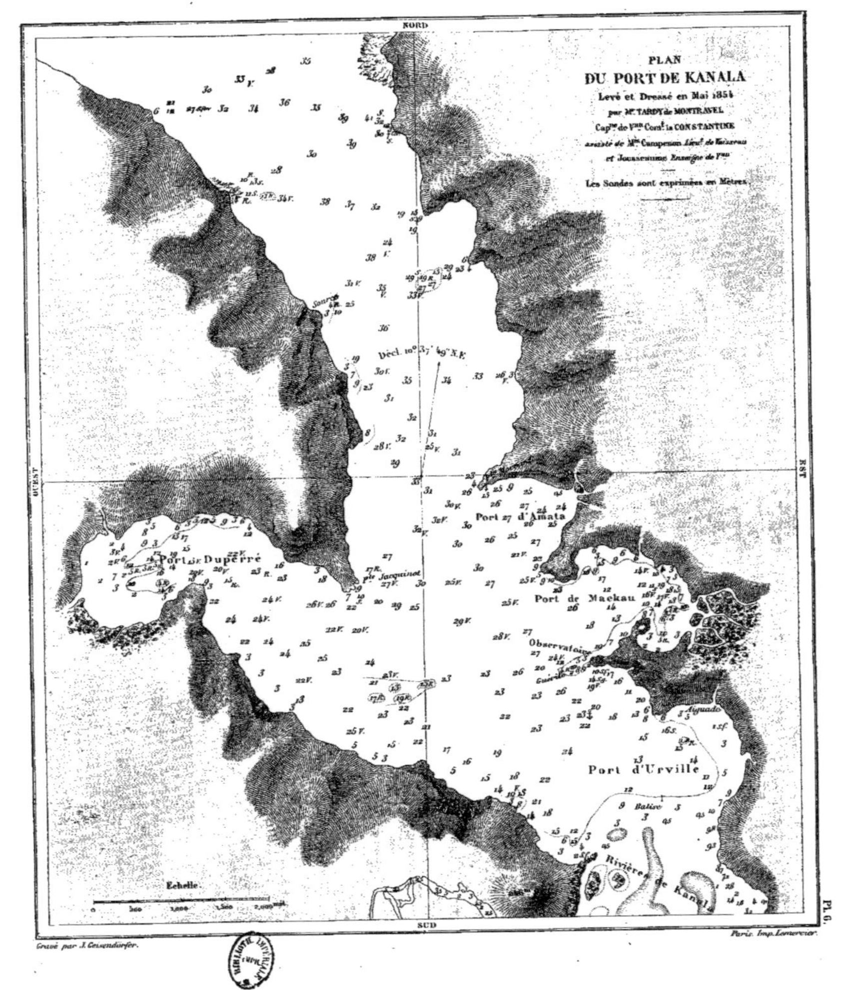

PL. 6.
NORD
OUEST
EST
SUD
PLAN
DU PORT DE KANALA
Levé et Dressé en Mai 1854
par Mr. TARDY de MONTRAVEL
Capne de Vau Commt la CONSTANTINE
assisté de MM. Campenon Lieut de Vaisseau
et Jouasseaume Enseigne de Vau
Les Sondes sont exprimées en Mètres
Décl. no 37' 49" N.E.
Port d'Amata
Port de Mackau
Port Duperré
Pte Jacquinot
Observatoire
Port d'Urville
Batise
Aiguade
Rivière de Kanal
Echelle
Gravé par J. Ceisendörfer.
Paris. Imp. Lemercier.

n'avait offert aucune sinuosité, tourne brusquement dans l'O. N. O. et s'enfonce de 1 mille ½ dans cette direction, formant avec la côte qui limite la baie au Sud le port Duperré (1).

Le goulet est parfaitement sain dans toute son étendue, offrant partout un brassiage uniforme de **30 à 35 mètres**; les côtes sont très-accores, et peuvent être approchées à 1 encablure de distance; le fond est partout de vase, si ce n'est en quelques points à toucher la côte, et sur un plateau de **19 mètres** où le fond est de roche, sur l'alignement de la pointe Moirant et du cap Dumoulin par le travers de la seconde pointe de la côte. On pourrait donc mouiller en toute sûreté dans le goulet, si on y était surpris par le calme, ou si, n'ayant que peu d'instants à rester à Kanala, on ne voulait pas s'enfoncer dans la baie dont la sortie présente des difficultés à un navire à voiles, lorsque le vent dépend du Nord.

Port d'Amata. — La première baie que l'on rencontre après la pointe Moirant, sur laquelle on a gouverné en doublant le cap Dumoulin, est le port d'Amata, terminé au S. S. E. par la pointe Coudein. Abrité de la mer du goulet par la pointe Moirant, ce port offre un excellent mouillage. Il est à l'ouvert d'une vallée assez profonde et d'une déclivité moyenne, qui permettrait d'y faire un établissement sur le bord de la rivière qui descend de la montagne et se jette par plusieurs embouchures dans le fond de la baie. Le fond, dans ce port, est de vase, et y est d'une grande uniformité, de **25 à 26 mètres** jusqu'à ½ encablure de terre.

Le port de Mackau est dans le Sud de la pointe Coudein, limité au Sud par la pointe de l'Observatoire. Plus profond que le précédent et abrité comme le bassin le mieux fermé, ce port pourrait, en toutes saisons et dans tous les temps, servir aux réparations les plus délicates. Les hautes terres qui l'encaissent ne permettent pas aux vents les plus violents de s'y faire sentir, et la mer

____

(1) Voir le plan français n° 1537, port de Kanala.

y est toujours aussi calme que dans l'intérieur d'une darse. Il sert d'embouchure à une vallée assez large, parcourue par plusieurs ruisseaux qui descendent des montagnes voisines et qui, s'accumulant au fond peu déclive de la vallée, s'écoulent à la mer, par plusieurs bouches qu'il serait facile de réunir en une seule pour les besoins des bâtiments.

Une pointe dérivée de celle de l'Observatoire, s'avançant en forme de presqu'île de 500 mètres environ dans le N. E., forme au Sud du port un second bassin précieux. Mais dans cette partie on trouve quelques **têtes de corail** sur lesquelles il faudrait éviter de mouiller, bien qu'on n'y trouve pas moins de **6 mètres** d'eau. En face de l'embouchure multiple de la rvière, un **banc de sable** asséchant à basse mer s'étend à 100 mètres environ, vers le large, et barre complétement l'entrée que des canots de moyennes dimensions ne pourraient franchir qu'à mer haute. Dans cette partie, les terres sont basses et marécageuses, et l'accostage des embarcations est gêné par les palétuviers, depuis le fond de la presqu'île jusqu'au point de la côte, au Nord, où les terres sont plus élevées et où un ruisseau vient se déverser, descendant d'une ravine latérale. C'est à ce cours d'eau que l'équipage de *la Constantine* faisait ses lavages. Le fond est inégal et varie entre **12 et 26 mètres**; il est de vase compacte et annonce une tenue excellente.

Le port Duperré est le plus bel appendice de la baie de Kanala, déjà si riche en bons mouillages. Limité dans l'Est par la pointe Jacquinot, il offre une surface assez étendue dans toutes les directions pour y mouiller toute une escadre, et il est si bien fermé de tous côtés, il a ses bords si sains et si accores, que l'on pourrait, sans inconvénient, s'y amarrer à quatre amarres.

A l'Ouest de la pointe du Piton, il est terminé circulairement par des terres alluvionnaires occupant le fond d'une vallée qui se dirige au S. O. vers le point de raccordement des hautes terres de la presqu'île Hamelin et de la chaîne intermédiaire dont nous avons parlé. Cette vallée est coupée par trois cours d'eau qui en descendent et dont les atterrissements projettent, à 2 encablures de terre, un banc de vase asséchant en partie à basse mer. Dans l'O. N. O. de la pointe du Piton on trouve un **banc de corail** très-étroit, mais s'étendant dans la direction O. S. O.-E. N. E. sur une longueur de 500 mètres; et plus près de la côte Sud, à 300 mètres à l'Ouest de cette même pointe, un autre pâté de corail sur lequel il ne reste que **4 mètres** d'eau. Il sera donc bon, quand on mouillera dans le port Duperré, de rester dans l'Est du relèvement de la pointe Piton, au S. S. O. Les petits bâtiments pourront cependant s'amarrer plus en dedans.

Le brassiage du port Duperré est régulier et ne décroît qu'à toucher terre, où il tombe tout d'un coup de **22 et 25 mètres**, à **10 et 3 mètres**. Le fond est partout de vase, à l'exception d'un plateau qui se trouve dans l'alignement de la pointe Noire et de la pointe Jacquinot, et sur lequel nous n'avons pas trouvé moins de **15 mètres**; je n'ai pas besoin d'ajouter qu'il sera bon d'éviter de mouiller sur ce plateau.

Eau. — Dans le fond du port Duperré, on voit une cascade abondante s'échapper des hautes terres abruptes et accidentées de la presqu'île Hamelin; elle donne naissance à un fort cours d'eau qui se jette dans le N. O. du port. Il est barré à son embouchure à la basse mer; mais, à mer haute, des embarcations pourraient y pénétrer pour faire de l'eau.

Le port d'Urville est la portion de la baie qui la termine dans le S. E., vaste enfoncement dont une partie est rendue impraticable, même aux embarcations, par les atterrissements des rivières qui s'y jettent. La pointe de l'Observatoire limite ce port au Nord; elle forme une presqu'île resserrée et déprimée à 200 mètres de son extrémité dont le point culminant est élevé de 10 mètres, légèrement arrondi, et tombe à la mer de tous les côtés par des falaises presque verticales.

La Guérite. — A 200 mètres dans l'O. q. S. O. de la pointe, une **roche** de 5 mètres de hauteur semblable à un bloc irrégulier à pans verticaux, s'élève sur un petit plateau de roches plates découvrant en partie à mer basse, et séparé de la pointe par un canal de **3 mètres** de profondeur et de 100 mètres de largeur. La forme et la position avancée de cette roche lui ont fait donner le nom de **la Guérite**. Le plateau qui la porte s'étend à 150 mètres environ dans l'Ouest de son pied et à 100 mètres dans les autres directions.

De la pointe de l'Observatoire à celle du Cimetière, la côte est abrupte et s'enfonce légèrement en courant au S. E. Cette dernière pointe est remarquable par sa nudité et la couleur blanchâtre des roches dont elle est formée.

De la pointe du Cimetière au ruisseau de l'aiguade, la côte court à l'Est et s'abaisse progressivement, puis elle court au Sud et offre une plage de sable brun dans laquelle vient se perdre une rivière qui descend de la vallée qui de cette baie remonte par une pente douce vers les montagnes dont un contre-fort sépare la vallée du port de Mackau de celle-ci (1).

A l'extrémité Sud de cette plage de sable, la côte devient rocailleuse, élevée, jusqu'à l'anse des Cocotiers où les hautes terres continuent à se diriger vers le Sud, tandis que le bord de la baie ne présente plus que des terres alluvionnaires, coupées par les dérivations des deux rivières qui se jettent dans la partie Sud du port d'Urville.

Le brassiage dans la partie Nord du port d'Urville est régulier entre **12 et 15 mètres**; le fond est d'une vase argileuse, d'une tenue excellente. On y choisira son mouillage, selon qu'on aura à y faire de l'**eau** ou à se tenir en communications fréquentes avec la rivière.

Rivière de Kanala. — La rivière du S. E. ou de Kanala prend sa source dans la grande chaîne intérieure, en arrière d'un plateau dont elle tombe par une magnifique cascade que l'on voit du mouillage. Pour se rendre à la mer elle parcourt une large vallée de 5 à 6 milles de largeur, que sépare la chaîne intérieure de celle de la pres-

---

(1) Il existe dans le port d'Urville une roche très-dangereuse couverte de 1ᵐ 2 d'eau de mer basse et située à 130 mètres de terre. Elle est indiquée sur notre plan des rivières de Kanala. (*Chambeyron.*)

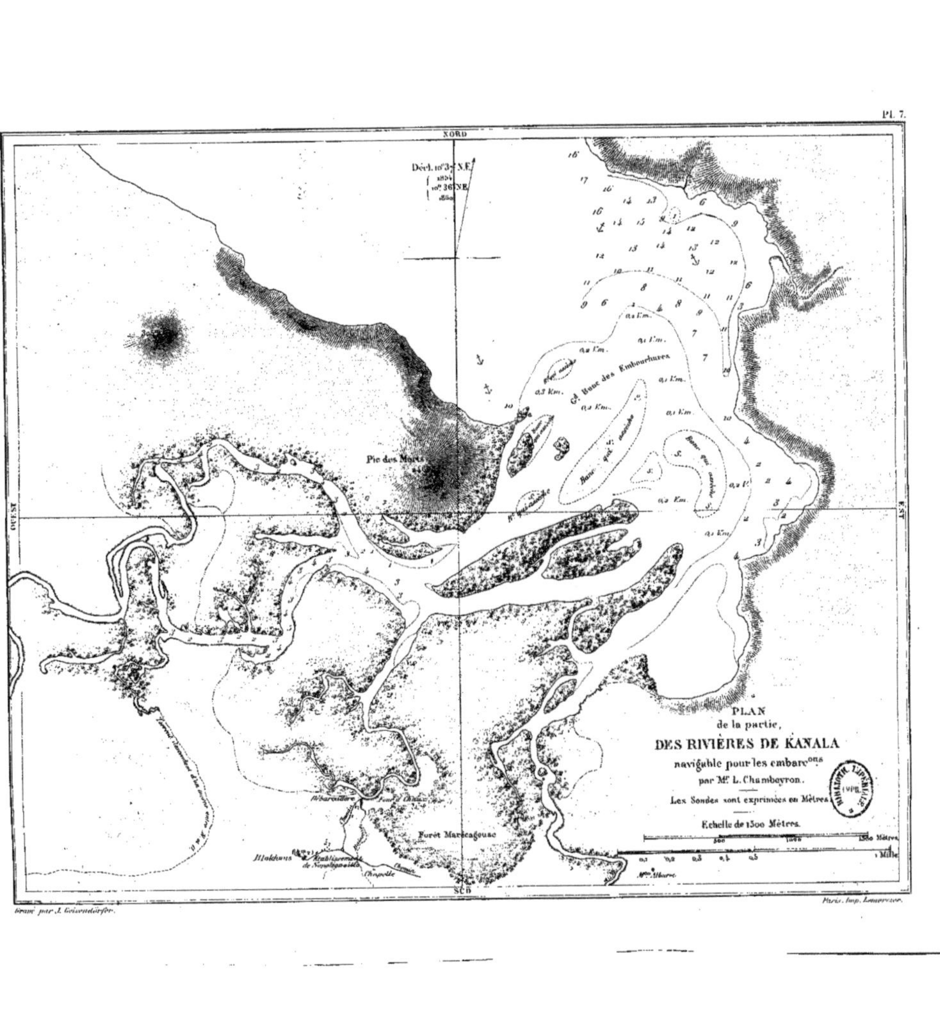

PL. 7.
NORD
SUD
OUEST
EST
Décl. 10°3'7 N.E.
Pic des Morts
Gd Banc des Embouchures
Banc des Embouchures
PLAN
de la partie,
DES RIVIÈRES DE KANALA
navigable pour les embarcations
par Mr L. Chambeyron.
Les Sondes sont exprimées en Mètres
Échelle de 1500 Mètres.
500   1000   1500 Mètres
0,1   0,2   0,3   0,4   0,5   1 Mille
Forêt Marécageuse
Embarcadère
Établissement
de Napoléonville
Chapelle
Blakhaus
Paris. Imp. Lemercier.
Gravé par J. Geisendörfer.

qu'île Hamelin, du massif de Nani et d'une chaîne intermédiaire qui, partant de l'embouchure de la rivière Negrepo, se rattache en arrière du port Duperré aux montagnes de la presqu'île Hamelin et va se relier, à 12 milles environ dans l'Est, à la grande chaîne intérieure, par un plateau de médiocre hauteur qui ferme la vallée dans l'Ouest. (Voir le plan n° 7.)

Rivière Negrepo. — C'est dans la partie occidentale de la vallée de Negrepo, que la rivière de ce nom prend sa source. Elle est une des plus considérables de la Nouvelle-Calédonie, et dans sa course, de l'Est à l'Ouest, elle traverse la portion la plus riche de l'île. Depuis sa source jusqu'à 2 milles de l'embouchure, ses berges sont élevées de 2 mètres environ, offrant dans toute leur épaisseur une terre végétale puissante, dans laquelle la canne à sucre atteint, presque sans culture, des proportions phénoménales.

A 2 milles environ de son embouchure, la rivière qui a suivi le pied de la chaîne intermédiaire, s'épand en bras divers, vers la rivière du S. E., à travers des terres alluvionnaires récentes, couvertes de palétuviers, comme celle-ci s'est épandue vers sa voisine. Le bras principal poursuit cependant sa course, suivant le pied de la montagne, et vient se jeter au fond de la baie, auprès du Pic des Morts, cône très-aigu de 246 mètres de hauteur. Comme nous l'avons dit, ces deux rivières projettent leurs atterrissements vers le large, sur un plateau à fonds réguliers qui occupe tout le fond du port d'Urville, et dont la limite Nord, s'appuyant à la pointe de l'embouchure du bras principal de la rivière de Negrepo, court à l'E. N. E. pour joindre la pointe Sud de la baie de l'aiguade.

L'embouchure elle-même de Negrepo est fermée par une barre de sable qui assèche presque à marée basse et qui ne permet qu'aux embarcations de moyennes dimensions d'entrer à marée haute dans la rivière dont le fond augmente au dedans de la barre, en suivant un chenal qu'il est nécessaire de connaître ; les embarcations peuvent remonter la rivière jusqu'au village de Negrepo, situé sur la rive droite, à 4 milles environ de l'embouchure.

Bois. — Les environs de la baie de Kanala ont paru riches en bois de construction ; mais, avant de se faire une idée exacte de la valeur réelle de ces bois, il faudrait en faire une étude plus sérieuse que celle que nous avons pu en faire en quelques jours.

VENTS. — Durant le séjour de *la Constantine* à Kanala, les vents ont soufflé de l'Est et du N. E. pendant le jour, sont tombés le soir et ont été remplacés pendant la nuit par des brises légères du Sud au S. E.

Il paraît que les ouragans de l'hivernage ne se font jamais sentir avec violence dans l'intérieur de la baie. Ainsi, le navire sandalier le *Black-Dog*, qui se trouvait mouillé dans le port de Mackau pendant l'ouragan du 17 au 18 février 1854, l'y a étalé sur une seule ancre. Il est vrai qu'il devait se trouver dans le demi-cercle maniable.

RECONNAISSANCES. — Les montagnes voisines de Kanala sont peut-être les plus accidentées de cette côte (1). Elles se présentent du large sur deux plans tranchés ; le premier plan est formé par le massif de terres qui sépare la baie de Naketi du port de Kanala, et par la presqu'île Hamelin, et le second est la suite de la chaîne générale. La silhouette de celle-ci offre les caractères suivants : en supposant que l'on soit placé à 8 ou 10 milles au large, et non loin du méridien de l'île Nani, que l'on reconnaîtra à sa forme conique (le sommet étant plus près de son arête de droite), près de la pointe de droite de la baie du même nom, dont l'enfoncement ne pourra pas échapper à l'œil le moins exercé ; à droite de l'île on verra sur la silhouette des montagnes du fond se dessiner une **montagne** plus élevée que les autres (sommet Kanala) et remarquable par un **piton assez saillant** sur son versant de gauche.

---

(1) Leur grandeur apparente est due à un effet de perspective. Le plus haut sommet visible du fond de la rade est élevé de 900 mètres, et le sommet le plus élevé, visible du large, et situé à 6,164 mètres au S. 2° 1' O. du pic des Morts, a été trouvé de 1,036 mètres par des mesures trigonométriques. La hauteur du pic des Morts est de 246 mètres. (*Chambeyron.*)

En suivant de l'œil les terres du premier plan on verra, à peu près dans S. 50° O. et presque par un **double pi- ton** des montagnes du fond, une pointe assez abrupte et sombre, ayant à sa gauche des **falaises blanchâtres**. Cette pointe est le cap Dumoulin, qui forme l'entrée de Kanala avec la pointe Bégat, que l'on apercevra dans le S. 75° O., se dessinant en noir sur les terres qui sont à l'O. de la presqu'île Hamelin. Dans cette position on verra le piton de la pointe Bégat, un peu à droite d'une haute montagne de l'intérieur qui a, à son sommet, un **piton** remarquable.

Les récifs extérieurs en face des terres de Kanala n'é- tant qu'à 4 milles $\frac{1}{2}$ de la côte, on pourra s'approcher de celle-ci davantage et on distinguera alors facilement les détails que nous venons d'indiquer. On pourra alors aperce- voir, sur la gauche de la baie de Naketi, une **pointe rou- geâtre,** aplatie au sommet et qui se projette dans la forme d'un trapèze sur les terres voisines. Cette pointe ser- vira à reconnaître la coupure du récif extérieur par la- quelle *la Constantine* est sortie de Kanala. Ces détails, aidés de la vue exacte qui est sur la carte, doivent suffire à l'in- telligence de cette portion de la côte. Voir les plans n°⁸ 6 et 7.

Attention. — La longueur du chenal à parcourir en dedans des récifs extérieurs pour gagner l'entrée de la baie de Kanala, est dans l'état actuel une difficulté qui peut n'être pas sans périls. Mais quand la partie exté- rieure aura été sondée avec soin, quand les passages auront été convenablement balisés, quand surtout la meilleure passe dans le récif aura été signalée par un amer sur le récif lui-même ou sur la côte, la difficulté de navigation entre les coraux disparaîtra, et la baie de Kanala ressortira avec tous ses avantages.

Banc douteux. — On a signalé un petit plateau de sable dans le N. O. du cap Dumoulin, presque à mi-largeur de l'entrée, mais il a été impossible à *la Constantine* de l'apercevoir, quoique les vigies eussent ordre de le veiller, soit à l'entrée, soit à la sortie, et *le Prony* n'en a pas eu connaissance, ni dans sa route pour Kuaua, ni dans son retour. Il y a donc tout lieu de croire qu'il n'existe pas; il sera cependant prudent de le veiller, jusqu'à ce que les sondes à l'extérieur aient éclairé les canaux.

INSTRUCTIONS. — Il existe dans le récif extérieur plusieurs coupures qui peuvent conduire à Kanala, l'une au N. E. du rocher Pyramide (1); une dans le N. E. de l'entrée de Kanala, et une troisième placée entre ces deux premières, dans le N. 34° E. de l'île Nani.

En outre, nous trouvant, le 12 mai, dans le N. E. du cap Dumoulin, à l'heure de la basse mer et à 3 milles au large du récif extérieur, nous avons cru voir une coupure au Sud d'un petit îlot de sable, qui nous restait dans le S. O. sur le récif même. Si cette coupure, qui a paru saine et large, était reconnue telle, on pourrait la signaler par une construction quelconque sur l'îlot de sable, et l'entrée dans Kanala en serait bien simplifiée.

Pour trouver la passe qui est au N. 34° E. de l'île Nani et par laquelle *la Constantine* est sortie du récif, si l'on vient du Sud ou de l'Est, il sera prudent de venir reconnaître la terre en vue de la **Pyramide,** et de là descendre le récif jusqu'après avoir dépassé plusieurs petits îlots qui sont dans le Nord de la Pyramide. Quand on sera sur le méridien du plus occidental de ces îlots, on ne pourra pas manquer d'apercevoir l'île Nani se projetant sur la terre, et de reconnaître les détails de côte tracés plus haut.

Quand, en continuant à courir parallèlement au récif, on aura amené l'île Naketi au S. 35° O. (S. 31° O. sur la carte), on sera sur le relèvement de la passe, et quand, en courant sur ce relèvement, on aura amené la grande montagne *K* (sommet Kanala) de la vue par la pointe en forme de trapèze dont nous avons parlé, on sera au milieu de la passe.

On aura alors, sur bâbord, un plateau d'environ 1 mille $\frac{1}{2}$ de longueur de l'O. N. O. à l'E. S. E., à l'Est duquel se trouve une passe que nous avons prise en entrant et qui conduit également à Kanala; nous en parlerons plus loin.

---

(1) *Buremere* des cartes de M. Bouquet de la Grye.

Quand on sera dans la passe dont nous nous occupons, on aura à tribord les anneaux qui forment la grande chaîne du récif extérieur; la pointe qui termine cette chaîne doublée, on fera l'O. 5° 30′ N., route qui fera prolonger à l'intérieur le récif extérieur, et qui fera gouverner sur le cap Bégat, dont on apercevra le sommet, distant de 16 milles.

Cette route n'a offert aucun danger à *la Constantine* et paraît la meilleure, jusqu'après étude complète de l'espace qui sépare le grand récif de la terre, et dans lequel on a vu plusieurs **pâtés de corail.** Par cette route on se rapprochera promptement de l'entrée de Kanala, dont la pointe Est restera un peu sur bâbord, et on ralliera insensiblement la pointe Ouest d'un **grand banc de corail** très-étroit, qui part de l'île Nani, et court presque parallèlement à la côte dont cependant il s'écarte un peu vers le Nord en formant à terre de lui un lagon qui, de l'extérieur du banc, paraît profond et sain. Quand on aura dépassé l'extrémité Ouest de ce banc, on pourra gouverner de manière à passer à 2 encablures environ du cap Dumoulin que l'on ralliera de près encore quand on aura doublé le **récif** qu'il projette à environ 1 encablure.

De là on suivra la côte de l'Est à petite distance, et après avoir doublé la pointe Moirant, on gouvernera de manière à passer dans l'Ouest de la **Roche-Guérite,** à 2 encablures, et on mouillera dans S. S. E. de cette roche par **18 mètres** de fond.

Cette route est celle suivie par *la Constantine* pour sortir de Kanala, et elle a paru exempte de tout danger, en supposant toujours que le navire qui la suivra aura une bonne vigie dans la mâture, car dans les parages à coraux, une route même très-fréquentée ne peut être garantie absolument libre d'un pâté de corail.

Pour entrer à Kanala, *la Constantine* a pris, ainsi qu'on l'a dit plus haut, une passe située à 2·milles environ plus à l'Est que celle dont on vient de parler. De cette passe on relevait l'île Nani au S. 64° O. La route au S. 50° O. parfois indécise, qui fut faite après avoir traversé la passe a fait passer entre des **pâtés de coraux** signalés par vigie, dont deux à tribord et un troisième à bâbord; tous trois n'étaient accusés que par le changement de la couleur de l'eau.

Après avoir fait ainsi 3 milles, la route sur Nani a paru libre, et *la Constantine* l'a en effet suivie, sans rien rencontrer, jusqu'à 1 mille environ du **banc de corail** découvert qui s'appuie à l'île et court parallèlement à la côte ; suivant ce banc à la même distance dans toute sa longueur, la route a rejoint au cap Dumoulin celle de sortie. Le banc de corail dont il vient d'être parlé a semblé offrir vers son milieu un passage navigable pour pénétrer dans le lagon qui, du reste, présente une large ouverture entre son extrémité Ouest et la côte (1).

Le brassiage doit être considérable sur l'une ou l'autre de ces deux routes, car, quoique la vitesse de la corvette ne fût pas grande, on ne put trouver le fond avec la sonde qui, cependant, fonctionnait sans interruption.

Les abords de la côte entre **Kanala** et **Kuaua** sont très-sains ; ce sont des terres coupées à pic. On y voit une baie étroite et profonde, mais qui n'a pas été visitée.

LE PORT DE KUAUA, situé à 3 milles dans l'O. S. O. du cap Begat, est divisé en avant-port et en port intérieur. L'avant-port, ouvert au N. E., et compris entre quatre promontoires assez élevés, bien apparents, reçoit en plein le vent et la mer du large. En entrant on voit devant soi et dans le S. O. une plage que borne une plaine très-boisée, au milieu de laquelle coulent deux rivières larges mais peu profondes ; les plus grands bâtiments peuvent louvoyer dans l'avant port ; toutefois, pour en appareiller avec le vent du N. E., il convient d'être mouillé un peu dans le Nord de la pointe intérieure (2).

Le port intérieur s'enfonce considérablement dans le S. O., au Sud d'une pointe haute et avancée ; c'est là que se trouve le seul bon mouillage par **14 mètres**, vase ar-

____

(1) Voir, pages 69 et 70, nos observations relatives à ce récif et à la passe de Kanala.

(2) Extrait du rapport du lieutenant Grimoult, capitaine du *Styx*, et du commandant de Brun, du *Prony*. Voir les cartes françaises n°s 1957, 1921, *Bouquet de la Grye*.

gileuse sur un espace de 1 mille de long et près de ½ mille de large. Plus à l'Est, il y a des **fonds très-inégaux**, et on ne pourrait y pénétrer qu'avec des petits navires. Ce bassin, fermé de toutes parts, est entouré de montagnes abruptes et ferrugineuses, et sillonnées de nombreuses cascades.

On ne peut pas entrer de la bordée dans ce port avec les vents qui soufflent ordinairement ; il faut se touer pour entrer si le vent dépend du Sud, et pour sortir, s'il dépend du Nord.

Eau. — A mer basse, une chaloupe ne peut pas entrer dans la rivière, et, à mer haute, l'eau y est saumâtre ; mais comme on n'a qu'à la puiser le long de l'embarcation, le temps d'une demi-marée est plus que suffisant pour faire son plein ; il faut seulement éviter d'être coupé du navire par le jusant, en prévision des attaques des indigènes, qui, au nombre de 1,000 environ, sont assez misérables. On ne trouve ici de ressources que la pêche et les pigeons ou canards sauvages.

MARÉES. — La mer marne de 1 mètre environ à Kuaua.

INSTRUCTIONS. — En dehors de la passe de Kuaua et dans le Nord de cette passe, des navires sandaliers ont signalé, il y a plusieurs années, de nombreux **pâtés sous l'eau**. On dit qu'ils s'étendent jusqu'à 8 ou 9 milles. Ce fait mérite confirmation. Lorsqu'on vient du large et qu'on veut prendre la passe de Kuaua, il est essentiel de ne pas venir au Nord de la passe, à cause des pâtés dont il vient d'être parlé ; comme le port de Kuaua sera visible, on pourra être assuré qu'on n'a pas dépassé la direction voulue, tant qu'on verra du côté du Sud dans le fond du port deux pointes coupées à pic. Lorsqu'on est dans la passe même, elles sont presque l'une par l'autre.

Rivière de Uaïlu. — Depuis l'entrée du port de Kuaua jusqu'à l'embouchure de la rivière de Uaïlu, on trouve, le long de la côte, un chenal avec des eaux profondes. C'est la route que suivit la corvette *la Bayonnaise*, avec le commandant Le Bris, pour aller mouiller à l'embouchure de la rivière, en juillet 1856.

Ilots Toveru, Neni. — Avant d'arriver à la hauteur de cette embouchure, on voit deux îlots bien boisés, Toveru et Neni : le premier à 1 mille de distance de la côte, et le second, à 2 ou 3 milles au large. Ce dernier est remarquable, parce que du milieu des cocotiers dont il est couvert, on voit surgir **deux pins** élevés ; chacun de ces îlots se prolonge un peu sous l'eau du côté du Nord.

Mouillage de Uaïlu. — *La Bayonnaise*, passant entre les îlots, trouva **20 mètres** d'eau. Le fond diminua graduellement jusqu'à l'embouchure de la rivière, au Nord de laquelle la corvette mouilla par **13 mètres** sur un fond de vase.

Le Styx mouilla pour une nuit, dans l'Ouest de l'îlot Neni par **21 mètres,** fond de sable.

Ce mouillage est à peu près abrité par l'îlot lui-même, et une ligne de brisants qui est au Nord ; à la suite de ce brisant, il y en a un second qui se prolonge vers le N. O.

L'intervalle entre les deux brisants est suffisamment large pour un passage, et on y trouve **18 mètres.**

Passe Uaïlu. — Pour aller de ce passage à la passe de **Uaïlu,** il faut faire le N. 32° E. pendant 6 à 7 milles.

Le côté Est de la passe de **Uaïlu** est un îlot de sable presque coulé.

Route pour Uaïlu venant du large. — Lorsqu'on vient du large, il est important de vérifier sa position par un relèvement ; car il y a dans le Nord de la passe Uaïlu des îlots de sable pareils à celui de la passe.

Le meilleur relèvement qu'on pourrait prendre serait évidemment celui des îlots Toveru et Neni ; mais ils sont le plus souvent mangés par la terre.

A défaut des îlots, on relèvera une montagne (au-dessus de Uaïlu) au flanc de laquelle est un trait oblique de couleur claire produisant assez bien l'illusion d'une route tracée au flanc de la montagne. La montagne est elle-même de couleur plus sombre que les terres voisines.

On relèvera au S. S. O. ou S. O. q. S. la trace grise dont il vient d'être parlé, lorsqu'on sera dans la passe de Uaïlu.

Courant alors au S.O. q. S. sans venir sur tribord, à cause des pâtés de corail qui sont de ce côté, on verra bientôt distinctement l'îlot **Neni,** le passage entre les brisants, et enfin l'îlot **Toveru** lui-même.

On n'aura plus qu'à choisir un mouillage.

Cette passe de Uaïlu était fréquentée par les navires sandaliers de préférence à celle de **Kuaua,** afin d'éviter les pâtés qui sont au Nord de cette dernière. De Kanala à la passe de Uaïlu, en faisant route directe, on trouvera, il est vrai, quelques **basses à fleur d'eau ;** mais on les évitera facilement en veillant du haut des mâts, si on n'a pas non plus le soleil devant les yeux.

La côte. — En allant de Uaïlu au cap *Bocage* directement, il n'y a pas de dangers connus.

On laisse à bâbord la baie **Lebris,** où nos bâtiments n'ont pas pénétré jusqu'à ce jour ; on sait seulement qu'il y a une rivière importante au fond de ce golfe.

Cap Bocage. — Le cap Bocage, composé de gros mornes coupés à pic, se voit de très-loin au large ; c'est un des points saillants les mieux caractérisés de la côte orientale de la Nouvelle-Calédonie ; il est par 21°12′ de latitude Sud (1).

Au N. O. du cap et assez près de lui, la côte présente un enfoncement où probablement les bâtiments pourraient trouver un abri. C'est au Nord du cap Bocage que commence la chaîne des récifs et des îlots d'Harcourt. Entre le cap **Bocage** et le cap **Baye,** il y a un immense golfe inexploré ; autant qu'on peut en juger par l'aspect des terres,

---

(1) C'est auprès de ce cap que se trouve le large *pâté de corail* mentionné page 72.

plusieurs vallées importantes s'ouvrent souvent obliquement à la mer dans le golfe ; sans nul doute, chaque vallée amène un cours d'eau à la mer, et par suite des atterrissements. La principale est celle de la rivière de **Monco,** rivière assez considérable qui arrose un pays très-riche. Au Nord du cap Bocage, les terres, sans cesser d'être montueuses et tourmentées, n'ont plus la teinte rougeâtre, signe de stérilité, qu'elles ont au Sud.

Cap Baye, ou **Pama,** ou **d'un Seul Arbre.** — Nous n'avons suivi que la ligne qui joint le cap Bocage au cap le plus voisin du Nord, et que je nomme le *cap d'un Seul Arbre,* comme rapproché de l'*île d'un Seul Arbre* (Ile du Pin).

En faisant cette route, on trouve d'abord un banc de corail sur lequel la mer brise ; on le laissera sur bâbord, c'est-à-dire du côté de la terre. Puis, lorsqu'on sera à mi-distance entre les deux caps, on verra un banc de corail coulé, qu'on laissera aussi sur bâbord ; on reconnaîtra l'approche de ce haut-fond à la décoloration de l'eau.

Banc de la Bayonnaise. — Étant près de ce plateau dangereux, on relevait :

> L'île d'un Seul Arbre, au.......... N.
> Le cap d'un Seul Arbre (Baye)..... N. 45° O.

Nous avons passé près de ce cap, dont les terres descendent en pente douce à la mer, et sont bien boisées. On y voit quelques pins isolés. L'un d'eux est situé sur le versant N. E., et seul visible au-dessus du cap à très-grande distance.

Depuis le *cap d'un Seul Arbre* jusqu'au cap *Tuo,* dans une étendue qui ne comprend pas moins de 25 milles, la côte incline vers l'Ouest très-notablement, laissant une distance de plus de 12 milles entre elle et le récif.

Ce développement considérable de la côte est rempli par une suite de petites baies généralement sablonneuses.

Iles Tidiauot. — A la distance d'environ 3 milles du *cap d'un Seul Arbre* et assez rapprochés de la côte sont deux

îlots : l'un couvert de pins ; l'autre est de sable sans végétation.

On peut suivre la côte à petite distance ; il y a des
eaux profondes, même en dedans des îlots dont je viens de
parler.

Plusieurs rivières débouchent dans cette grande baie,
entre autres celle de *Tiuaka*, auprès de l'embouchure de
laquelle est la mission de Wagap.

Mission de Wagap. — La maison de la mission de
Wagap n'est pas visible du large, à cause d'un rideau de
cocotiers qui est devant elle sur la plage ; mais on reconnaîtra son emplacement à une grande croix noire qui a été
plantée sur l'une des montagnes du premier plan, au Nord
de la mission (1).

On peut mouiller près de terre devant la maison des
missionnaires. J'ai fait sonder cette partie de la côte, où
le Styx est venu plusieurs fois. On n'a pas trouvé de dangers.

Si, à cause de l'éloignement, on ne distinguait pas la
croix dont j'ai parlé tout à l'heure, on pourrait se guider
sur une montagne *très-pointue*, qui est située à l'intérieur.
et qu'on amènerait au relèvement Sud du compas.

On relève la croix de la montagne au S. 66° O.

Mouillage de Wagap. — A ce mouillage de Wagap, comme à tout autre qu'on pourrait prendre dans le
voisinage, la qualité du fond est bonne, mais on y est sans
abri ; non-seulement le récif Extérieur est déjà éloigné, mais
il est fréquemment interrompu. La passe de **Tuo**, qui est
au N. E., a plus de 3 milles d'ouverture. Il est indubitable
que, dans la mauvaise saison, on doit avoir très-grosse mer
au mouillage de Wagap.

---

(1) On a établi en 1862 un poste militaire sur la côte même, à
500 mètres Est de la mission. Les quelques maisons qui le composent
sont peu visibles du large, étant construites derrière des bouquets de
cocotiers, genre de plantation dont l'immense plage de Wagap abonde.
Ce poste a été créé pour surveiller les tribus du Nord ; la garnison ex-
ploite une ardoisière située à petite distance dans l'intérieur.

On peut suivre la côte, comme nous l'avons dit, mais alors on fait un long détour, ou bien on peut traverser la baie en ligne à peu près directe pour atteindre Wagap ; alors, il faudra bien veiller du côté du large, parce qu'il y a des pâtés à éviter. Dans ce cas, on laissera les deux îlots **Tidiauot** du côté de la terre. Il n'y a pas non plus de danger depuis Wagap jusqu'au cap Tuo.

CAP TUO. — Le cap Tuo est un promontoire qui ressort très-notablement de la côte de Calédonie ; il est assez élevé sans être coupé à pic. Il y a à son extrémité deux bouquets de pins qui peuvent servir à le faire reconnaître. Les Anglais lui ont donné le nom de cap Porc-Épic, à cause de ces arbres. Sous le cap Tuo même, il y a un récif adhérent à la terre.

Le cap Tuo se reconnaît aussi très-facilement, quand on est au large, à cause de la teinte foncée qu'il a, et aussi à une grosse montagne de l'intérieur.

GRAND RÉCIF EXTÉRIEUR. — Nous avons dit que, jusqu'à la hauteur du cap Bocage, le grand récif Extérieur était presque toujours sous l'eau ; en avançant plus au Nord, il forme une chaussée à fleur d'eau presque continue où la mer brise incessamment.

PASSE EST DE TI-UAKA. — De distance en distance, on trouve de larges passes. L'une de ces passes correspond à peu près à la hauteur du *cap d'un Seul Arbre* **(Baye)**, et n'a pas moins de 3 milles de largeur. Elle est connue sous le nom de passe de l'*île d'un Seul Arbre*, ou passe Est de Ti-Uaka.

Le récif qui forme le côté Nord de la passe est un très-grand plateau sur lequel il y a plusieurs **îlots de sable** plus ou moins couverts de végétation ; mais l'un d'eux est remarquable, parce que du milieu s'élève un **pin isolé**. Cet arbre unique a fait donner à l'îlot le nom de l'*île d'un Seul Arbre* ou **île du Pin**, et il est célèbre, parce qu'à l'époque de la découverte, l'illustre Cook lui donna le nom qui lui a été conservé.

Ce plateau, qui est découvert à marée basse, n'est pas accore du côte de l'interieur; il s'en détache des pâtés assez loin de la partie qui assèche.

Le côté Sud de la passe est moins dangereux, bien qu'il y ait aussi quelques pâtés de ce côté. Il y a en dedans de la pointe un brisant qui en est écarté de 1 mille $\frac{1}{2}$ à peu près.

On avait considéré celte passe comme très-saine ; mais les dangers auprès desquels |nous nous sommes trouvés m'ont fait changer d'avis.

L'île d'un Seul Arbre, exeellente marque de reconnaissance pour la passe, se voit de la distance de 12 milles à peu près.

Attention. — Au Nord de l'île d'un Seul Arbre, les premières cartes indiquent une bonne passe ; c'est une erreur, il y a peut-être une passe, mais elle est difficile, non-seulement à cause des pâtés qui sont à l'entrée, mais à cause de ceux qu'il y a en dedans. *Le Styx* s'y est échoué. Nous avons quiité la place sans avoir exploré le passage vers l'intérieur.

Passe de Ti-Uaka. — Il existe dans le récif de Ti-Uaka, au Nord de la côte comprise entre Pama et l'île Tidiauot, une large et belle passe par laquelle on peut se rendre à Wagap. En dedans de la passe et du côté de l'Est, se trouve un banc assez étendu attenant au récif, coulé à la profondeur de **8 à 10 mètres** sur son accore Ouest ; on l'évitera facilement avec une vigie dans la mâture. La partie intérieure du récif compris entre cette passe et la passe Nord de Ti-Uaka présente du côté de Sud des prolongements dangereux (*Chambeyron*).

PASSE DE TUO ou **PASSE NORD, DE TI-UAKA.** — Cette dernière est la première qu'on rencontre ensuite. C'est une belle passe ; en dedans de la pointe Sud, il y a un îlot de sable, derrière lequel on peut mouiller.

RÉCIF DE TUO. — Du côté Nord de la passe, le récif change brusquement de direction ; il fait une pointe au

N. q. N. O., jusqu'à une distance de 12 milles, il se replie alors vers la terre. Cette partie est très-dangereuse, parce que la mer n'y brise pas toujours, cette portion du récif étant abritée par le reste.

MOUILLAGE DE TUO (1). — Le mouillage de Tuo se trouve au N. O. du cap de ce nom, en face d'une baie formée par ce cap et une pointe plus au N. O. Il est abrité du large par le grand récif de Tuo, qui laisse entre le cap et lui un passage intérieur qui conduit jusqu'à **Yenghen**, et dans lequel on pénètre au cap même. De ce mouillage on relève les tours de Yenghen au N. 70° O., et l'îlot de sable placé près de la passe au N. 73° E.

N'ayant pas mouillé sur ce point, je ne le connais que par les renseignements qui m'ont été fournis par le commandant du *Prony*, et qui concordent avec ceux que j'ai obtenus des pratiques de la côte.

Voici ce que m'en écrivit cet officier à son retour d'une mission qu'il avait remplie à Tuo.

« Il résulte de ce que j'ai vu que cette baie est mauvaise, qu'elle est parsemée de nombreux pâtés de coraux, dont nos sondes n'ont probablement trouvé qu'une partie; que les ouragans y donnent avec furie, et que sous aucun rapport ce mouillage n'est à conseiller, sauf à un tout petit navire, qui pourrait seul y trouver son évitage. La rivière qui est au fond de la baie est petite et sans importance, la barre qui précède son embouchure est très-étendue, et une petite embarcation a de la peine à la franchir à mi-marée.

« Quant au mouillage que nous avons pris (en dehors de cette baie), ce n'est qu'un ouvrage de circonstance.»

On voit par ces quelques lignes combien peu de confiance on doit avoir dans ce mouillage, qui, par ailleurs, n'offrirait aucune ressource à un bâtiment. Si j'en parle donc ici, c'est surtout pour mettre en garde contre la pensée qu'on pourrait avoir d'y mouiller si l'on entendait dire qu'il y a un mouillage près du cap Tuo.

---

(1) Montravel, commandant de *la Constantine*.

Sous le cap Tuo même se trouve un abri qui ne peut guère recevoir que des caboteurs. Voici les renseignements donnés par M. de Montravel à ce sujet.

De cette même passe de Tuo part un autre récif extérieur qui court parallèlement à la côte ou à peu près jusqu'à la hauteur de Yenghen. Ce récif et celui du large de Tuo se réunissent vers la passe de Tuo et forment un cul de sac. Dans l'intervalle nous n'avons pas vu de dangers ; pour un navire à voiles qui s'y engagerait sans le savoir, cela pourrait être dangereux.

Après avoir dépassé les terres du cap Tuo dont les abords sont semés de pâtés qu'on ne saurait veiller avec trop d'attention, on voit l'ouverture d'une grande vallée qui débouche obliquement à la mer. De cette vallée sortent deux cours d'eau, l'un de peu d'importance, et l'autre assez considérable ; on dit qu'on peut le remonter à 3 ou 4 milles.

Au-delà de cette vallée, commence le pays des *Goma*, que traversent les rivières de Puaï et de Pindié ; il s'élève en pente douce et devient un massif de montagnes assez élevé. Néanmoins la pente du côté de la mer est assez douce pour que le flanc de la montagne soit couvert de cultures. Nous avons longé de près toute cette côte jusqu'au point où la montagne s'abaissait du côté du Nord, sans que rien nous ait indiqué la présence de quelques dangers.

MOUILLAGE DE GOMA. — Nous avons mouillé vers le milieu du pays des Goma, un peu au Nord d'une vallée étroite d'où sort une petite rivière ; le fond d'argile était de très-bonne tenue, et la profondeur de l'eau diminuait graduellement en approchant de la plage où elle était encore suffisante pour *le Styx*.

La côte est bordée d'un **petit récif** qui touche à la terre et qui ne manque pas d'échancrures dans lesquelles on peut aborder (1).

RIVIÈRE DE PINDIE. BANC DU STYX. — Sur la limite du pays des Goma se trouve la rivière

____

(1) Capitaine Grimoult du *Styx*.

Pindie, à l'embouchure de laquelle se trouve un banc de vase qui s'étend un peu au large. *Le Styx* s'est échoué sur ce banc que rien n'indique, parce qu'il est assez profondément sous l'eau (**3 mètres**).

A la rive gauche de la rivière commencent les roches basaltiques ou du moins à apparence de basaltes qui bordent la côte jusqu'à l'entrée de Yenghen.

La côte est saine dans cette étendue.

Depuis le cap **Tuo** jusqu'à Yenghen et même jusqu'au cap **Colnett**, il y a, à mi-distance entre la côte et le récif extérieur, une suite d'îlots de sable qui laissent entre eux des passages plus ou moins profonds. Presque tous ces îlots sont boisés, certains d'entre eux ont même des pins qui servent de bons points de relèvement pour la navigation le long de la côte.

Mouillage de Yenghen. — L'atterrage de Yenghen présente quelques difficultés par suite de la grande projection vers le large des deux récifs de **Tuo** et de **Yenghen**, et de l'uniformité des lignes de la terre dans le Sud de ce mouillage. C'est donc sur le récif lui-même qu'on viendra atterrir à l'Est de Yenghen. Quand on aura reconnu le récif, on le prolongera à distance jusqu'à ce qu'on aperçoive se détachant en noir sur la terre une ligne de mamelons élevés et abrupts, présentant l'apparence d'îlots dont le second, à partir de l'Ouest, offre l'aspect de deux tours d'égale hauteur.

Ces îlots apparents appartiennent aux terres qui forment le port intérieur de Yenghen. Ceux à l'Est des tours sont des accidents des falaises basaltiques de la côte; à l'Est du port, les **deux tours** elles-mêmes et la base basaltique sur laquelle elles s'appuient sont liées à la côte voisine par une chaîne de rochers qui ne se voit pas du large, et l'îlot de l'Ouest, plus élevé que les tours, est aussi lié à la terre par des coraux et des roches asséchant à mi-marée.

Roche des Tours. — La roche des Tours, que nous appellerons **Ponga,** du nom indigène, forme la pointe

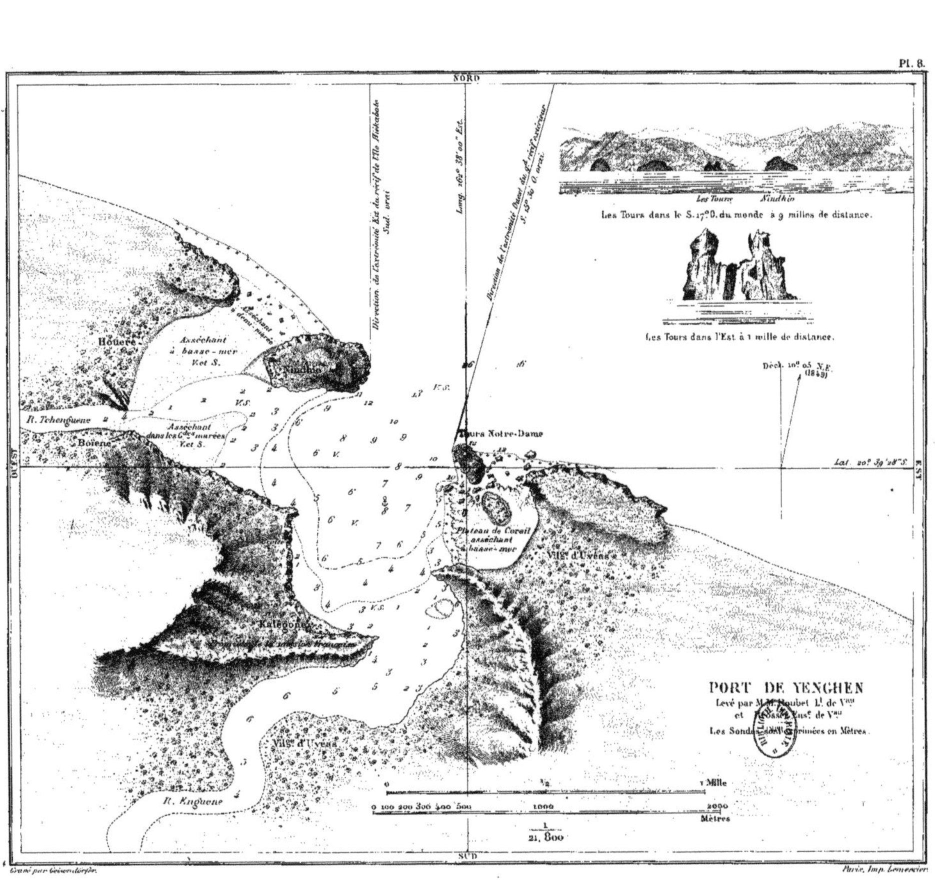
NORD
Les Tours
Niudhio
Les Tours dans le S. 17° O. du monde à 9 milles de distance.
Les Tours dans l'Est à 1 mille de distance.
Décl. 10° o5 N.E.
(1849)
Lat. 20° 39'28"S.
Long. 162° 38'00 Est.
OUEST
EST
SUD
Houérè
Niudhio
R. Tchonguène
Boïène
Asséchant à basse-mer V. et S.
Asséchant à basse-mer V. et S.
Asséchant dans les Gdes marées V. et S.
Tours Notre-Dame
Plateau de Corail asséchant à basse-mer
Vilge d'Uvéa
Kalégol
Vilge d'Uvéa
R. Enguène
PORT DE YENGHEN
Levé par MM. Roubet Lt. de Vau
et Brosset Ens. de Vau
Les Sondes sont exprimées en Mètres.
0 100 200 300 400 500   1000   2000
Mètres
1/2   1 Mille
1 / 21,800
Gravé par Grivendorfer.
Paris, Imp. Lemercier.

Est de l'entrée du mouillage intérieur du port de Yenghen ; et le mamelon de l'Ouest, appelé **Nindhio,** en est la pointe Ouest. Quand on relèvera les Tours au S. 11° O., on pourra faire route sur elles en donnant du tour à l'extrémité Ouest du récif extérieur, à l'Ouest duquel il n'y a aucun danger.

Ce relèvement de Ponga passe entre les deux îles de **Iengabat** et de **Vao,** qui font partie d'une chaîne d'îles basses et boisées qui prolongent la côte à la distance de 2 milles $\frac{1}{2}$ (1).

Quand on aura bien reconnu ces deux îles, que le relèvement ci-dessus de **Ponga** ne peut pas laisser confondre avec leurs voisines, on gouvernera de manière à passer entre elles, à égale distance de chacune, en se défiant du plateau de corail que l'on ne manquera pas d'apercevoir dans le S. S. O. de l'extrémité du récif, et d'un autre plateau que nous avons vu sur le même relèvement en dedans du premier. Chacune des deux îles étant entourée d'un récif, il sera bon de se défier de leurs abords et de passer au milieu du canal qui les sépare peur venir mouiller dans le N. N. E. de Ponga par **28 mètres** de fond, relevant le sommet du Nindhio au S. 76° O.

Si, au lieu de mouiller en dehors, on voulait entrer dans le port, on pourrait le faire sans aucune difficulté si l'on avait le vent sous vergues, et onmouillerait par **8 mètres,** vase de bonne tenue, dans le S. O. de Ponga.

Le port de **Yenghén** est, comme le mouillage extérieur, complétement ouvert aux vents et à la mer du N. E. au N. O. ; il faut donc éviter d'y entrer ou d'y séjourner dans ces circonstances de temps. Mais, avec les vents généraux du S. E. à l'E. S. E., presque constants dans la belle saison, il constitue le meilleur abri entre **Kuana** et l'île **Pam.** L'entrée et la sortie en sont faciles, on peut s'y procurer de l'eau, des légumes, des volailles, etc.

---

(1) Nous avons mentionné, page 12, le puits singulier qui existe sur l'île Iengabat.

La tribu de **Yenghen** est une des plus riches et des plus nombreuses de l'île.

Rivière de Yenghen. — Deux rivières importantes se jettent dans le port intérieur de Yenghen, l'une au N. O. appelée rivière de Tchenghène ; et l'autre au Sud appelée rivière de Yenghen.

Celle-ci est navigable pour les embarcations jusqu'à 5 milles de son embouchure, bien qu'elle soit presque en entier fermée par un haut-fond de roches et coraux, qui ne laisse qu'un passage très-étroit à toucher la rive droite depuis la pointe Est de l'embouchure jusqu'à relever la pointe de Kalegone par celle de la Grotte. Au-dessus de ce relèvement, le fond augmente rapidement, et serait assez grand pour recevoir des navires de moyenne grandeur.

Rivière de Tchenghène. — La rivière de Tchenghène est fermée à son embouchure par une barre qui ne peut être traversée par des embarcations qu'à mer haute et de très-beau temps, car, dès que le vent d'Est souffle avec quelque force, la barre brise assez fortement pour qu'il devienne imprudent d'en tenter le passage.

Eau. — Non loin de cette embouchure et près du village de Houéré, il existe de belles sources, d'une eau excellente, mais d'un difficile accès. Quelques travaux l'amèneraient facilement à la rivière où les embarcations viendraient la prendre à mer haute et quand la barre serait praticable.

N'ayant pas vu la source indiquée sur le plan du port, près du village de Kalégone, je ne puis en parler ici.

Bois. — Les montagnes du voisinage sont riches en beaux bois de construction d'une exploitation facile, et pourraient à elles seules suffire aux besoins de toute la colonie, autant par la quantité que par la variété des espèces dont elles sont couvertes.

LE CAP COLNETT. — Le cap Colnett n'offre pas
une forme remarquable ; on le distinguera des autres
pointes de la côte, parce qu'il y a dans le Nord une cascade
à double courant. Au-delà du cap Colnett, il y a, dit-on,
quelques pâtés de terre ; nous ne les avons pas vus. Là
nous avons contourné en le laissant à terre un récif très-
étendu qui est lui-même séparé de la côte par une étendue
d'eaux profondes qui est peut-être un autre chenal praticable.

Passe de Puebo. — Le point d'atterrage pour entrer à Puebo est le cap Colnett, que l'on viendra reconnaître, comme nous l'avons dit précédemment ; comme
entre le cap et la passe de Puebo, la côte n'offre aucun
point qui puisse faire reconnaître la coupure du récif, on
devra prolonger celui-ci d'assez près, c'est-à-dire à la distance de 1 mille $\frac{1}{2}$ à 2 milles, de manière à être bien certain
de ne pas dépasser cette coupure sans la voir. Quand on
relèvera le cap Nord et Sud, on fera encore 7 milles au
N. O. $\frac{1}{2}$ O. ; on verra alors le récif s'infléchir vers l'Ouest
pour former le côté Sud de l'entonnoir au fond duquel se
trouve la passe de Puebo.

Dans cette route il faudra se défier de confondre avec
la passe de Puebo une coupure dans laquelle plusieurs•
navires ont donné, croyant entrer dans la véritable passe.
Avec un peu d'attention, on ne pourra cependant pas s'y
méprendre, car la **fausse passe** se trouve à 2 milles
seulement du cap Colnett, tandis que la vraie passe en est
à 11 milles.

Il est probable qu'en côtoyant le récif on ne manquera
pas la passe que l'on cherchera. On devra observer, en
outre de l'attention portée sur le récif, que, depuis le cap
Colnett jusqu'aux environs de Puebo, la côte est abrupte,
tandis qu'aux abords de l'enfoncement qui forme le mouillage intérieur de Puebo, la côte est bordée de terres basses
couvertes de palétuviers. On pourra aussi remarquer dans
le S. O., en premier plan des montagnes du fond et en
arrière des terres basses de la côte, un petit morne arrondi,
couvert d'une verdure qui se détache en clair sur le fond.

La pointe basse et proéminente de Puebo se dessinera également en premier plan en approchant de la passe, et on la verra se prolonger basse et uniforme jusqu'à la pointe de Mahamate.

On apercevra également dans l'O. 4° N. les restes du vieux blockhaus de Balade au sommet du premier piton remarquable de la crête qui descend à la pointe de Mahamate.

Ces détails minutieux ne peuvent s'adresser qu'à celui qui chercherait pour la première fois la passe de Puebo ; car nul ne serait embarrassé pour la reconnaître après y être entré une fois seulement.

Mouillage de Puebo. — Quand on aura rallié la passe en question, on y donnera franchement, en ayant soin de rallier de préférence le récif de l'Ouest, celui de l'Est ne marquant pas assez nettement à sa pointe extrême et projetant un petit talon qui ne brise pas. C'est pour n'avoir pas donné assez de tour à cette pointe, que la corvette *la Seine* s'y échoua.

Quand on sera en dedans de la passe, on viendra mouiller par **30 ou 35 mètres** à distance convenable dans le N. E. du récif qui se projette à 2 encablures environ au large de la pointe basse de Puebo.

Port intérieur de Puebo. — Cette pointe, projetée de près de 1 mille dans l'Est, forme le côté Nord du port de Puebo, limité au Sud par un récif de plus de 1 mille d'étendue, laissant entre la terre et lui un passage étroit, sinueux, mais sain.

Cet enfoncement ainsi abrité est réduit à un canal de près de 1,200 mètres de long, et d'une largeur moyenne de 450 mètres, dans lequel des navires, en petit nombre, pourraient être abrités en toute sécurité pendant la belle saison et pourraient y faire toute réparation. Peut-être même l'abri y serait-il suffisant pendant l'hivernage ; mais ceci a besoin d'être confirmé par l'expérience.

En tout cas, ce mouillage intérieur demanderait à être sondé de nouveau pour la détermination d'une ou deux

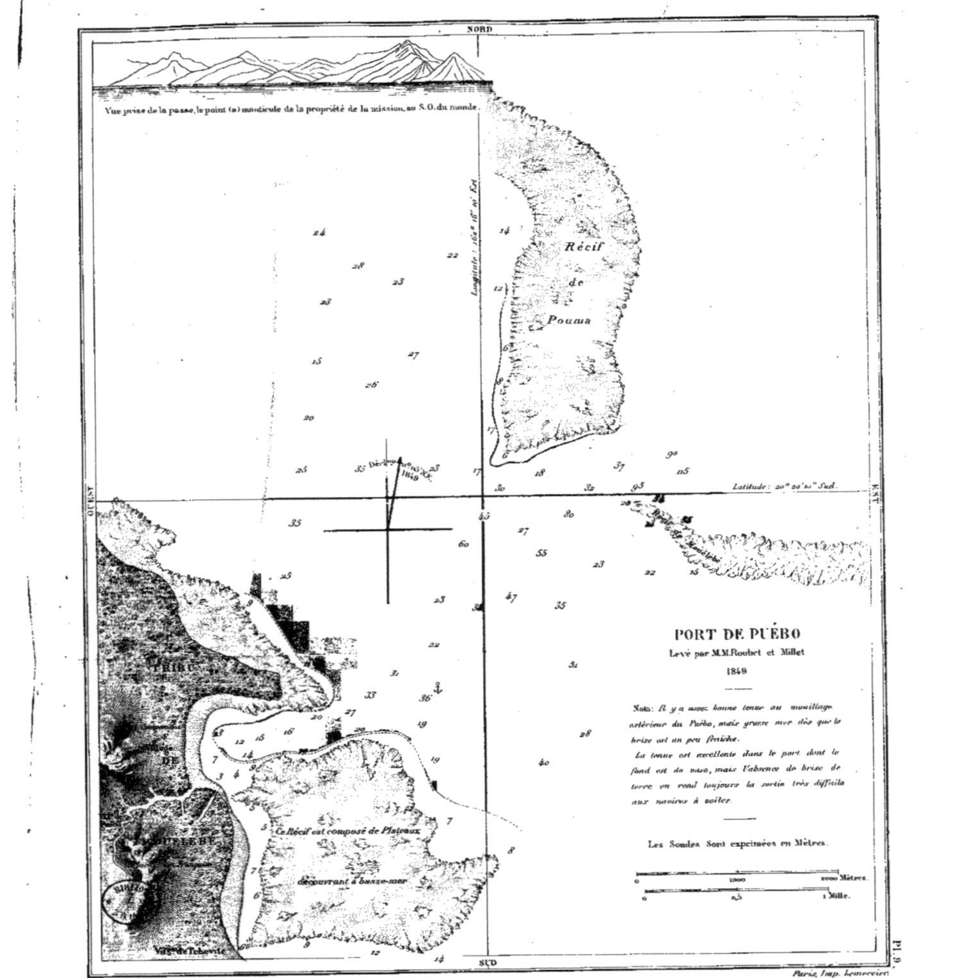

NORD
OUEST
EST
SUD
Vue prise de la passe, le point (a) monticule de la propriété de la mission, au S.O. du monde.
Longitude : 164° 16' 10" Est
Latitude : 20° 20' 10" Sud
Récif de Pouma
Récif de Mouilebi
Ce Récif est composé de Plateaux
découvrant à basse-mer
Vue de Tchevite
PORT DE PUÉBO
Levé par M.M. Roubet et Millet
1849
Nota: Il y a assez bonne tenue au mouillage
extérieur du Puébo, mais grosse mer dès que la
brise est un peu fraîche.
La tenue est excellente dans le port dont le
fond est du vase, mais l'absence de brise de
terre en rend toujours la sortie très difficile
aux navires à voiles.
Les Sondes Sont exprimées en Mètres.
1000   2000 Mètres
0,5   1 Mille.
Gravé par J. Geisendörfer.
Paris, Imp. Lemercier.
Pl. 9.

têtes de corail que nous avons vues, et dont le plan que nous avions sous les yeux ne fait pas mention (1).

Le récif extérieur ne se trouvant éloigné de terre que de 2 milles, le mouillage de Puebo est beaucoup mieux abrité par lui que celui de Balade ; mais aussi le fond y est beaucoup plus grand, et la tenue du mouillage extérieur est moins bonne.

Rivière de Puebo. — La rivière de Puebo, descendant des montagnes de l'intérieur, se jette dans le S. O. de l'enfoncement qui forme le port, après avoir serpenté au milieu des terres basses qui bordent la côte. La barre formée par l'accumulation des vases, à son embouchure, ne peut être franchie par de grandes embarcations qu'à mi-marée et difficilement par les petites à basse mer. A mer haute, les chaloupes peuvent remonter facilement la rivière jusqu'en face du village, et y faire l'eau à basse mer, en ayant soin toutefois de ne pas aborder des troncs d'arbres que l'on rencontre parfois échoués sur le fond.

On peut trouver à Puebo plus de ressources alimentaires qu'à Balade, et chaque jour le bien-être de la population augmentant, il deviendra plus facile de s'y approvisionner de légumes, de volailles et de cochons.

L'on y trouve quelquefois d'excellentes tortues de mer de grandes dimensions.

Les montagnes de l'intérieur sont riches en bois de construction de fortes dimensions : mais, dans l'état actuel des choses, leur exploitation et leur transport à la mer présentent de grandes difficultés.

Les vents subissent à ce mouillage les mêmes variations qu'à celui de Balade ; les courants de marée, également peu sensibles au mouillage extérieur, le sont davantage au mouillage intérieur sous l'influence de la rivière qui s'y jette.

---

(1) La carte de la Nouvelle-Calédonie, en 4 feuilles, de M. Bouquet de la Grye, publiée depuis l'impression des mémoires de M. Grimoult, remplacera avantageusement les divers croquis hydrographiques cités dans le cours de ce mémoire. Voir la carte n° 1921, partie Nord de la Nouvelle-Calédonie.

Aspect des terres entre Yenghen et Puebo.
— Vues du large, les terres qui sont comprises entre Yenghen et Puebo ont leur milieu qui correspond à peu près au cap Colnett. Ces terres sont les plus élevées de la Nouvelle-Calédonie après les massifs du Humboldt, d'Udie et de Kopeto ; leur crête est presque de niveau dans toute cette étendue. Le flanc de ce massif est couvert de forêts ; on y voit plusieurs cascades qui ne tarissent pas. C'est une marque de reconnaissance pour aller à Puebo.

On voit, en examinant la carte, que le brisant est tout à fait interrompu devant Yenghen ; ce qui rend le mouillage assez mauvais, à cause de la mer qui pénètre dans le port, même de beau temps, avec les vents du large. Le grand récif recommence ensuite au cap Colnett en s'écartant insensiblement de la côte.

Route pour Balade par l'extérieur et par l'intérieur du grand récif. — Avant de donner dans une passe, il est toujours prudent de s'assurer, par un relèvement pris sur la côte, si on est bien là où l'on croit se trouver. On relèvera la pointe basse de Puebo ou du moins le village qui est à l'entrée de la rivière.

Jusqu'à la passe de Balade, le récif fait un grand détour.

Nous avons généralement fait route par l'intérieur du récif, pour aller de Puebo à Balade.

La carte dressée par les officiers de *la Seine* nous a toujours servi de guide (1).

Le récif du côté de la terre est toujours visible du haut des mâts ; en le suivant de près, on ne risque pas de tomber sur un pâté isolé indiqué sur la carte. mais qui ne se voit que d'assez près.

La seule observation que je dois ajouter, c'est en arrivant au Nord de **Pudiué** (îlot de sable avec un petit bouquet de broussailles), de donner un bon tour, en ralliant ce mouillage ; la pointe qui se détache de cet îlot se prolonge beaucoup.

----

(1) Cette carte a été remplacée par la carte 1921, citée plus haut.

Quand on est sorti de Puebo, on distingue l'île de **Bua-labio**, qui est très-élevée et fort étendue.

Entre Puebo et Balade, la terre est très-montueuse et accidentée ; les crêtes des montagnes sont presque nues et laissent paraître des filons blancs de quartz. A mi-hauteur, cependant, il ne manque pas d'herbe et de niaoulis ; plus bas et jusqu'au bord de la mer, il y a des terres basses et sans écoulement apparent envahies par les palétuviers. On a percé une large voie intérieure au milieu de ces arbres et de leurs racines.

Blockhaus de Balade. — Lorsqu'on vient du large, on distingue à 18 milles le blockhaus et la caserne, si le temps est bien clair.

Note sur le havre de Balade. — « Les relèvements sont ceux du monde ; la déclinaison de l'aiguille est de 10° 47' N. E. (1).

« *Points de reconnaissance.* — Le cap Colnett se reconnaît aisément à ses cascades, et surtout à la montagne *Douit,* dont le sommet, situé à 10 milles O. N. O du cap, est le plus élevé de cette côte. Une végétation compacte et d'un vert foncé couvre les crêtes des montagnes vers l'Ouest ; mais, à partir de la vallée de *Puebo,* elles se dépouillent graduellement en venant rejoindre un nouveau sommet composé de deux mamelons dénudés, au pied duquel se trouve la mission de *Baïao ;* de la vallée de ce nom, les terres s'abaissent uniformément jusqu'à la pointe N. O. de l'île, où l'on découvre en second plan une partie de l'île *Pam.* Plus vers le Nord se dessine l'île *Bualabio.*

« La côte, de *Colnett* à *Baïao,* est d'une uniformité telle qu'on y chercherait difficilement des points de repère ; mais, à partir de ce dernier endroit, elle offre les moyens de trouver la passe de *Balade* sans la moindre incertitude.

« On découvrira d'abord l'église de la Mission (elle n'a

____

(1) Commandant Montravel, de *la Constantine.*

plus de clocher, mais elle domine suffisamment pour être aperçue de presque tous les points de l'horizon) ; puis, sur un mamelon situé à très petite distance vers le S. E., sont les restes d'un vieux blockhaus inachevé, qui seront visibles de fort loin tant qu'on aura soin de les tenir blanchis à la chaux.

« Le blockhaus actuel, moins élevé que le vieux, à 2 milles plus dans l'O. N. O. et à proximité du mouillage de **Balade**, est la meilleure reconnaissance et le point qui doit servir à guider la route. Enfin, comme limite Ouest de ce mouillage, on peut prendre un petit bois touffu et d'un vert qui tranche avec le reste de la végétation ; il s'étend du bord de la mer à médiocre hauteur sur les versants des montagnes, qui, à partir de ce point vers l'Ouest, viennent jusqu'à la mer.

« Une remarque essentielle faite par nos devanciers nous apprend en outre que, depuis *Yenghen*, il n'existe pas de plage de sable visible d'en dehors des récifs extérieurs ; ces plages recommencent à *Balade* même, et s'étendent dans l'Ouest.

« Les vents généraux de la partie de l'Est halent habituellement l'E. S. E. à mesure qu'on s'approche de terre.

« L'atmosphère est souvent brumeuse par ces brises, et elle le devient davantage quand elles fraîchissent et se mettent à grains. Les sommets se couvrent les premiers, et on est obligé de venir près des récifs extérieurs pour reconnaître les détails de la côte.

« **Passe de Balade.** — La passe de *Balade* est formée à l'Est par le récif de *Puma*, et à l'Ouest par celui de *Balade*. Les pointes extrêmes de ces deux récifs se relèvent Est et Ouest à une distance de 5 encablures $\frac{1}{3}$.

« Du milieu de la passe on relève :

Le sommet de *Bualabio*........	N. 65° O.
Le blockhaus...................	S. 5° O.
L'église de la Mission.........	S. 10° E.

« Le récif de *Puma*, après s'être développé pendant 10 milles au N. O. $\frac{1}{4}$ N., à partir de **Puebo**, forme un

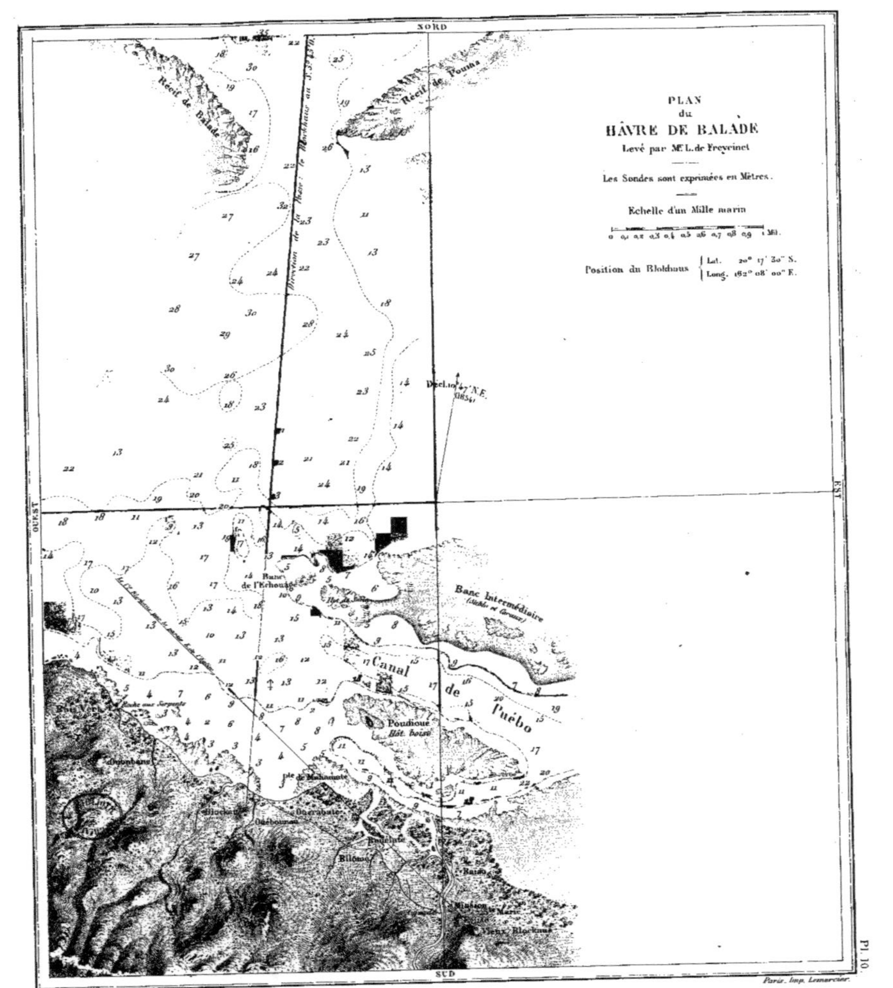
NORD
OUEST
EST
SUD
PLAN
du
HÂVRE DE BALADE
Levé par Mr L. de Freycinet
Les Sondes sont exprimées en Mètres.
Echelle d'un Mille marin
0 0,1 0,2 0,3 0,4 0,5 0,6 0,7 0,8 0,9 1 Mil.
Position du Blockhaus Lat. 20° 17' 30" S.
Long. 162° 08' 00" E.
Récif de Balade
Récif de Pouma
Décl. 10° 47' N.E. (1854)
Direction de la Passe; le Blockhaus au S.57.45'W.
Banc de l'Échouage
Banc Intermédiaire (Sable et Gravois)
Canal de Puébo
Ilot de Java
Poudioue Ilôt. boisé
Ile de Mahamate
Bilüou
Mission de Marie
Vieux Blockhaus
Roche aux Serpents

éperon avancé qui se replie brusquement sur lui-même en courant vers l'O. S. O. et vient former une pointe aiguë, saine, mais qui brise peu par les vents d'Est, et que par ce motif on veillera avec attention. Le récif de droite ou de *Balade* vient de l'O. N. O., se recourbe intérieurement en courant Nord et Sud pendant 3 encablures. La passe se trouve donc placée au fond d'une sorte d'entonnoir ; pour y donner avec sécurité, il faut pouvoir porter franchement au Sud.

« Dès qu'on aura reconnu le blockhaus, il faudra rallier à discrétion le récif de *Puma*, et serrer le vent après avoir dépassé sa pointe extrême ; on courra ainsi vers l'autre récif ; si, par un motif quelconque, on se trouvait trop affalé sous le vent et qu'on n'eût pas de place pour virer, on pourra, comme dernière ressource, laisser tomber l'ancre à l'entrée de la passe par 25 mètres environ, fond de corail.

« **Seconde passe.** — A 2 ou 3 milles plus à l'Ouest, il existe une seconde passe dont la direction paraît s'approcher du S. O. et qui, par cette raison, serait précieuse lorsque les vents sont trop pointus pour donner dans la première ; mais, à côté de cet avantage, elle présente comme inconvénients d'être limitée dans l'Ouest par le récif de **Bualabio**, et d'avoir la forme d'un canal de près de 1 mille de longueur, allant en se rétrécissant. Cette passe a été pratiquée par un trois-mâts américain pour sortir des récifs ; elle est assez bien indiquée sur la carte du voyage de d'Entrecasteaux, mais une exploration plus rigoureuse est le complément indispensable de notre établissement à *Balade ;* pour y arriver, le louvoyage serait magnifique ; cet espace paraît très-sain vu des sommets de *Balade*. La côte, depuis le blockhaus jusqu'à la pointe basse de **Tiari**, est bordée d'une ceinture de coraux, dont il suffit de signaler la présence pour être facilement évitée.

« **Mouillage de Balade.**— De la passe au mouillage, il y a 4 milles. Entre le récif de *Puma* et la côte se trouve un **banc intermédiaire** formé de sable et de pâtés de coraux dont l'extrémité Ouest est limitée par un très-petit **îlot de sable** blanc qui ne découvre qu'aux grandes marées. Dans son prolongement se trouvent des hauts-fonds qui s'étendent à 7 encablures. La **partie occidentale** du plateau de **Sept-Mètres** est Nord et Sud avec le blockhaus, et sa **pointe Sud** dans le **N. 35° O.** du mât de *Pudiué*.

« Une bouée, mouillée à l'accore de ce plateau, serait de première utilité.

« De la passe à ces hauts-fonds, il y a 2 milles $\frac{1}{2}$; leur approche est, en outre, signalée lorsque la pointe Est de l'îlot de *Pudiué* est près d'être dans l'alignement de l'église de la Mission. On viendra donc de bonne heure sur tribord, de manière à se tenir dans l'Ouest du premier relèvement, et l'on ne reviendra sur bâbord que lorsqu'on aura franchement dépassé celui de *Pudiué* (1).

« Si l'on est obligé de louvoyer pour atteindre le mouillage, on ne s'approchera jamais de la côte à moins de $\frac{1}{4}$ mille, et on pourra prendre comme limite extrême de la bordée de terre le vieux blockhaus par la partie Est de l'église de la Mission ; à terre de cet alignement, on trouve des fonds inégaux parsemés de roches et de plateaux de corail. Sur l'autre bord, on ne dépassera pas le relèvement du mât de *Pudiué* au S. 35° E., ce qui ne donne guère que $\frac{1}{2}$ mille de louvoyage.

« Le meilleur mouillage dans la belle saison (avril à décembre) est par 11 à 13 mètres, fond de sable.

Le blockhaus, au.............. S. 12° O.
Le mât de *Pudiué*, au .... S. 68° E.
Le vieux blockhaus, tenu un peu à gauche de l'église.

« Dans la saison des ouragans, il faudrait mouiller plus lans le N. O.

---

(1) L'île Pudiué fut nommée île Observatoire par Cook, qui y observa l'éclipse de soleil du 6 septembre 1774. Il trouva pour la position de l'îlot 20° 17′ 39″ et 162° 4′ 51″, ce qui diffère peu de la position adoptée aujourd'hui. On voit encore sur cet îlot la tombe du commandant Huon de Kermadec, de *la Recherche*.

« Dans aucun cas, il ne faut laisser tomber l'ancre par moins de 10 mètres, ni dépasser l'alignement du vieux blockhaus par l'église.

« Les ancres se lèvent facilement ; néanmoins la tenue est très-bonne. Le fond est généralement de sable vasard et gravier, rarement dur, mais, près des bancs et dans leur prolongement, il est le plus souvent de corail recouvert d'un sable gris et fin.

« **Pudiué**. — Pudiué est un îlot de sable couvert de quelques arbustes rabougris ; vu de la passe, il se détache à peine du reste des terres, surtout à marée haute ; mais, à mesure qu'on avance, le mât planté à sa partie S. O. en fait un excellent point de relèvement. L'îlot est entouré d'un banc de corail qui se prolonge à 1 mille vers l'E. S. E. ; à sa partie Ouest sont des pâtés de coraux isolés : pour les éviter, il faut conserver le blockhaus à droite des roches noirâtres qui sont au bas de la plage, ou se tenir dans l'Ouest du relèvement suivant :

Blockhaus.   S. 29° O.

« Cette observation est surtout importante pour les navires venant du canal de *Puebo* en contournant le banc de *Pudiué* pour prendre le mouillage.

« **Canal de Puebo**. — Ce canal, dans sa partie comprise entre le banc de *Pudiué* et le banc intermédiaire, est sain (on peut en dire autant du reste de son parcours) ; à l'extrémité Est de *Pudiué*, il y a un léger changement de direction : on devra donner du tour à la pointe que forme en cet endroit le banc intermédiaire.

« **De Baïao à Puebo**. — De *Baïao* à *Puebo* le rivage est bas, envahi par les palétuviers et bordé d'une ceinture de coraux accores ; de temps sombre, il sera plus convenable de rallier le coté de l'île.

« Entre le banc intermédiaire et le récif de *Puma*, il existe un second canal qui n'a pas encore été exploré, et que les naturels disent sain ; mais étant moins direct que le précédent, il faudra   qu'il présentât des conditions favorables de louvoyage pour devenir d'une utilité réelle pour les communications entre *Balade* et *Puebo*. Il faudra, dans tous les cas, venant de l'Est, ne pas venir sur bâbord avant de relever *Pudiué* au S. 35° *E.*

« **Marées**. — L'établissement du port est environ de 6 heures 15 minutes. La grande marée d'avril a donné une différence de 1ᵐ 17; cependant, par l'influence des brises, nous avons constaté une différence de 1ᵐ 34 dans les niveaux extrêmes : les coraux découvrent alors. C'est par les brises de l'Ouest que les eaux atteignent leur niveau le plus bas ; celles de l'Est, au contraire, accumulent les eaux entre les bancs ; il se produit également un courant qui suit la direction des canaux, et qui dépasse rarement 0ᵐ 5.

« **Eau**. — L'eau se fait facilement à la Mission, elle est très-bonne ; mais la rivière de Baïao offre d'assez grandes difficultés de navigation dans les mortes eaux ; un canot chargé ne sort qu'avec peine à marée haute.

« **Poissons vénéneux**. — Il existe deux espèces de poissons, l'un rouge, l'autre semblable à la sardine, dont les principes vénéneux ont produit en quelques instants les plus funestes résultats ; nous engageons donc les nouveaux arrivés à faire reconnaître par les naturels la qualité de ceux qui doivent paraître sur les tables. »

Banc. — *Le Phoque* a signalé une pointe de roche sur laquelle il ne reste que 3ᵐ50 de basse mer, par les relèvements suivants :

Pudiué......................	N. 84° E.	
Blockhaus..................	S. 7° O.	du compas probablement.
Extrémité Est des palétuviers.	S. 73° E.	

Ce renseignement ne nous a été communiqué que sur la fin de notre travail, et, malgré nos actives recherches, cette roche n'a pu être retrouvée ; mais, en se conformant aux instructions données ci-dessus, il n'y a pas à s'en préoccuper.

Le mouillage de Balade, n'étant abrité que par la chaîne
des récifs extérieurs, ne peut être considéré que comme un
mouillage d'été, et même, dans la belle saison, est-il sinon
dangereux, du moins incommode, lorsque la brise souffle
du N. E., comme il arrive quelquefois.

Pendant l'hivernage, indépendamment des ouragans, qui
s'y font sentir plus violemment peut-être qu'en aucun autre
point de la côte, il est exposé à des coups de vent fixes
qui soufflent du N. E. au Nord, avec assez de force pour interrompre toute communication pendant plusieurs jours,
et commander toutes mesures de sûreté.

Il est donc prudent de ne pas séjourner longtemps à ce
mouillage si on y est conduit pendant l'hivernage.

Passage intérieur de Balade à Puebo.—Pour
sortir de Balade, comme pour y entrer, nous voyons deux
autres passages que celui dont nous venons de parler, l'un
appelé **passage de Puebo**, qui, débouquant dans le
mouillage de Balade, entre le banc intermédiaire et celui
qui enveloppe Pudiué, conduit à la passe et au mouillage
de Puebo, et l'autre qui, contournant l'île, entre les bancs
de la côte et celui qui entoure l'île de Boulabio, vient dé-
bouquer dans l'Ouest, près de l'île de Reconnaissance
(**Iandé** de la carte 1921). Ce dernier passage s'appelle
passage du Nord-Ouest, et est suivi par les navires qui, de
Balade, ont à se rendre à un point de la côte occidentale
de la Nouvelle-Calédonie ou à un port de l'Australie.

Le passage de Puebo est facile, à la condition de ne le
tenter que lorsqu'on a le soleil à dos, de bien veiller les
coraux du haut de la mâture et d'avoir le vent sous vergues.
Il est très-direct et limité au Nord par le récif intermédiaire
dont la queue s'étend dans l'E. S. E. à plus de 3 milles;
et au Sud, d'abord par le récif de Pudiué, et ensuite par le
récif qui, s'appuyant à la pointe de Mahamate, s'en écarte
d'environ 1,200 mètres dans l'Est et s'arrondit dans le
S. E. q. S. pour se rapprocher de la côte basse qui s'étend
depuis cette pointe jusqu'à celle de Puebo. Dans le prolongement du récif intermédiaire, on rencontre deux autres

plateaux de coraux étroits et allongés dans le sens du canal; on les laisse par bâbord.

Quand on sera Nord et Sud de la pointe de Puebo, on pourra se rapprocher de la pointe Sud du récif de Puma.

Ce passage a été suivi par *la Constantine* de l'Est à l'Ouest sans la moindre difficulté.

Le Phoque l'a pratiqué également jusqu'à Yenghen. Mais, à partir de Puebo, il est limité au Nord par le récif extérieur, et au Sud par une ligne de coraux qui court parallèlement à la terre à 1 mille $\frac{1}{2}$ environ de distance jusqu'au cap Colnett, dont elle se rapproche à moins de $\frac{1}{2}$ mille. Jusque-là le passage ne présente pas de difficultés, mais là il devient très-étroit par suite du retour du récif extérieur vers la terre et de l'existence de plusieurs pâtés de coraux situés entre les îles basses de Yenghen et la côte.

Ce passage intérieur de Puebo à Yenghen n'est praticable que pour un bateau à vapeur bien piloté, ou pour un petit navire pratique de la localité.

CHAPITRE V.

DE BALADE A L'ARCHIPEL DE BELEP. — COTE OUEST DE IANDÉ
A URAI.

Passe au Nord de Balade. — Après la passe de Balade, le récif extérieur se dirige vers l'île **Bualabio,** en laissant seulement une autre passe qui est bonne, m'a-t-on dit.

On ignore s'il y a d'autres passages au-delà de la grande île dont je viens de parler.

On peut faire de bonne eau à Balade. soit à la rivière qui coule en arrière du blockhaus, soit à la rivière de Mahamate, qui n'est pas très-éloignée.

Danger au Nord du havre de Balade (1). — Lorsqu'on a dépassé la pointe Nord du havre de Balade, en faisant la route que *l'Alcmène* a suivie peur aller au détroit **Devarenne,** on se trouve devant un pli de la côte où nous avons vu un récif sous l'eau ayant à peu près la longueur du *Styx.* Bien que nous en ayons constaté l'existence à n'en pouvoir douter dans un premier voyage, nous n'avons pu le retrouver dans une autre circonstance.

Il est reconnu des naturels qui vont à la pêche en cet endroit, de sorte que dans la suite on pourra le retrouver ; il n'est pas du reste sur la route suivie ordinairement, mais en dedans des pointes à l'abri desquelles j'avais voulu marcher. Après 4 ou 5 milles, on reconnaît les terres basses et marécageuses qui sont à l'embouchure de la rivière de *Tiaré.*

Avant elle, on a déjà passé devant un gros ruisseau.

---

(1) Capitaine Grimoult, du *Styx.*

Mouillage de Tiaré. — Il y a un bon mouillage à l'entrée de la rivière de Tiaré.

La carte donnée par *l'Alcmène* indique, sur le même méridien que Tiaré. un banc de corail sur lequel notre pilote, M. Oliver, alla sonder ; il trouva 6 mètres au moins; la corvette *la Prévoyante* passa sur le haut-fond.

Rivière de Diahot. — On voit, en continuant la même route, l'embouchure de la rivière *Diahot*, que l'île de *Pam* partage en deux branches. Cette rivière est la plus considérable de l'île, et remonte dans l'intérieur suivant le gisement général de l'île. Elle serait navigable pour des caboteurs jusqu'à 27 milles selon les officiers du *Phoque*, 45 milles selon les chefs indigènes. L'embouchure offre plusieurs branches, dont la principale nous a semblé être celle qui contourne l'île Pam par le Sud et l'Est.

Mouillage près de l'île Pam. — Il y a *mouillage* à l'Est de Pam, mais en dehors de la barre de la rivière Diahot, qui, dit-on, est navigable pour des caboteurs assez loin à l'intérieur. Le vapeur *le Phoque* est resté assez longtemps dans ces parages ; il en fit l'hydrographie, qui ne nous est pas connue.

L'île de Pam, montagne à deux sommets coniques, n'est pas très-engagée dans les terres ; elle est dans le gisement général de la côte. Nous avons levé en 1863 le plan du port situé à l'Est de l'île de Pam. Cette branche est la seule navigable à l'embouchure du Diahot.

Un récif environne l'île de Pam; mais tout près de terre, plus loin vers l'Ouest, un autre plateau de corail avec un banc de sable, du côté de l'Ouest, est séparé de l'île Pam par un chenal qui est peut-être une des issues du Diahot. A l'Ouest de ce plateau est la baie d'Arama.

Goulet d'Arama. — On voit en face le récif qui enveloppe l'île Balabio et un autre gros îlot qui se trouve dans le S. E.; l'intervalle que les récifs dont il vient d'être parlé laissent entre eux est le *goulet d'Arama* (1).

____

(1) Au-delà de l'île Pam, jusqu'à Buaraï en redescendant la côte Ouest, on ne possède que des renseignements incomplets et très-vagues. Nous

Dangers. — Le récif qui environne Balabio et cet îlot ne présente aucune ouverture (1), même pour les embarcations. C'est un plateau de plusieurs milles d'étendue que les naturels font franchir à leurs pirogues quand ils vont s'établir momentanément sur l'île. Dans toute cette partie du chenal, les eaux de la mer sont souvent troublées par le courant, chargé de vase, qui descend du Diahot. On aura soin de ranger le côté du récif de Balabio, parce qu'il y a, dit-on, des pâtés sur le côté opposé. Nous ne les avons jamais vus, bien que nous ayons suivi plusieurs fois ce chemin en les cherchant.

Après qu'on a dépassé la baie d'Arama, on remonte les deux plateaux à fleur d'eau qui, avec les récifs de Bualabio et la côte ferme, forment les trois **passages d'Olane**.

Le passage du Nord ou **passage Devarenne** est le seul qui soit bon à fréquenter. Il est sain et la profondeur de l'eau y est grande. Les côtés de ce canal sont accores et très-peu couverts par la mer, mais les navires à voiles pourront éprouver de la difficulté à le franchir. Il forme une courbe régulière convexe vers le N. E., et la route de sortie est à 17 quarts de celle qu'on aura dû prendre pour y entrer.

Celui du milieu a l'air très-étroit et m'a semblé peu profond. Quant au passage du Sud, il a été exploré par *le Styx*, qui l'a trouvé très-étroit et n'offrant que de petits fonds allant jusqu'à 6 mètres dans sa partie occidentale, vers un banc de sable qui se trouve à cette issue; ce passage est très-rétréci par une série de hauts-fonds qui se détachent de la côte d'Olane et rejoignent presque le banc de sable.

Les terres de la Nouvelle-Calédonie s'abaissent très-notablement à mesure qu'on s'avance vers la pointe N. O. de l'île ; au-delà des passages on trouve le cap d'Olane, près duquel est une baie peu étendue, puis les dernières terres, avant d'arriver à l'archipel de **Paaba**.

---

es donnerons tels quels, en attendant la publication des travaux hydrographiques effectués sur ces côtes par M. Banaré.

(1) Ce fait est controuvé; il en existe une fort belle donnant accès à un mouillage intérieur.

Sables d'Olane. — Du côté opposé vers le N. E., on trouve la continuation du grand récif de Bualabio, en dedans duquel il y a deux îlots de sable couverts de broussailles. Ces îlots ont reçu le nom de Sables d'Olane.

Iles Paaba. — Dès qu'on a dépassé les passages d'Olane, on peut gouverner directement sur l'île de **Tiao**, la plus avancée de l'île Paaba.

Il ne paraît pas y avoir passage pour un navire et même pour une forte embarcation dans les canaux que les îles Paaba laissent entre elles. Ces îles Paaba sont habitées par la tribu des Nénéma, devenue trop célèbre par le massacre qu'ils firent des hommes de *l'Alcmène* et de l'infortuné Devarenne.

Ile Tiao, mouillage sous l'île. — L'île Tiao est peu étendue ; elle peut offrir un abri à l'Est ou à l'Ouest, selon la direction du vent régnant. Il y a dans l'Ouest un rocher dont il ne faut pas trop s'approcher. Nous n'avons vu aucun danger dans toute cette étendue de la côte, autant que la vue peut s'étendre.

Archipel de Belep. — Du mouillage de Tiao, on voit dans le lointain l'archipel de Belep, et dans l'Ouest, la haute terre qu'on nomme l'île de Iandé.

Route du Styx. — Entre Tiao et Belep il n'y a pas de danger du côté de l'Ouest, mais il n'en est pas ainsi du côté de l'Est. Faisant route directe, nous avons dû appuyer un peu à l'Ouest, afin d'éviter des bancs de sable signalés par la vigie.

La profondeur de l'eau, qui est à peu près uniforme dans toute cette étendue de mer, est de 30 à 40 mètres.

L'archipel de Belep se compose de cinq îles et de quelques îlots ou rochers ; tous sont dans un même gisement que celui de Iandé.

Nous avons contourné l'archipel par l'Ouest et rangé de près les derniers rochers de l'Ouest, qui sont au nombre de trois et tous semblables ; on les désigne sous le nom des *Trois-Sœurs*.

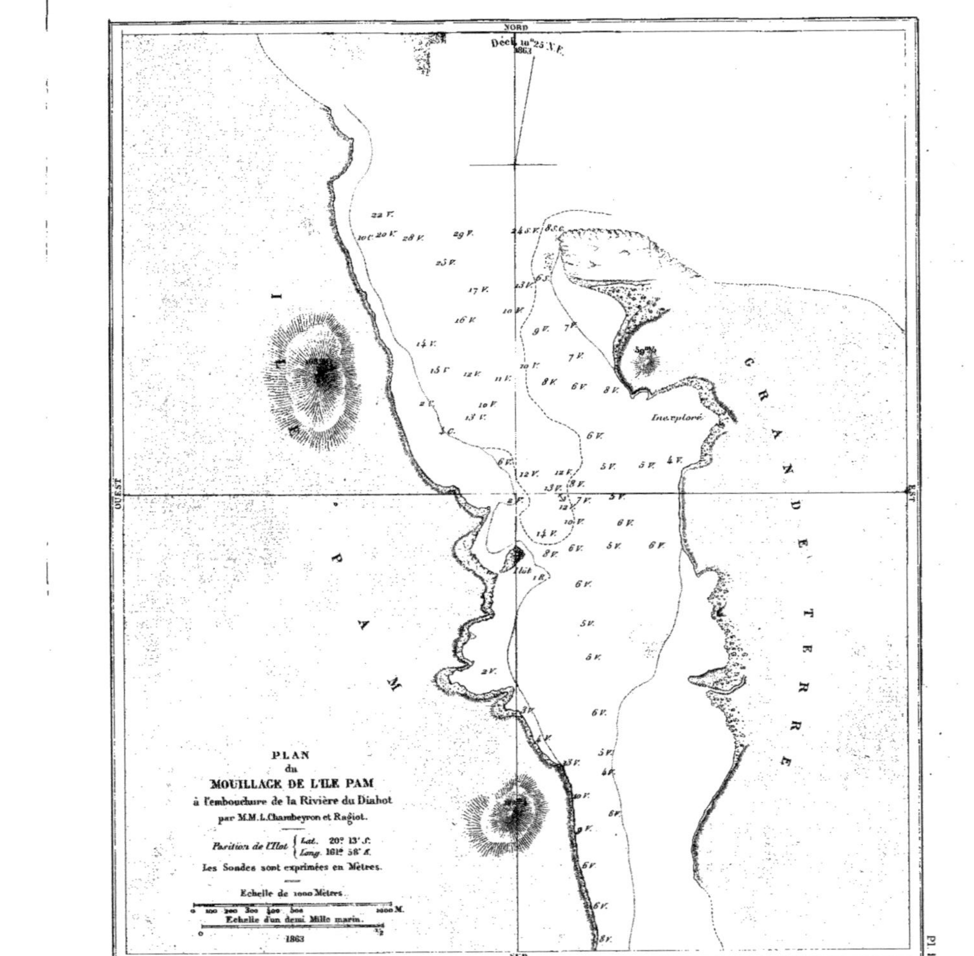

NORD
Décl. 10° 25' N.E.
1863
OUEST
EST
SUD
ILE
PAM
GRANDE TERRE
Inexploré.
PLAN
du
MOUILLAGE DE L'ILE PAM
à l'embouchure de la Rivière du Diahot
par M.M. L. Chambeyron et Ragiot.
Position de l'Ilot { Lat.   20° 13' S.
                    { Long. 161° 58' E.
Les Sondes sont exprimées en Mètres.
Echelle de 1000 Mètres.
0 100 200 300 400 500   1000 M.
Echelle d'un demi Mille marin.
0   1/2
1863
Gravé par J. Geisendörfer.
Paris. Imp. Lemercier.
Pl. II.

Mouillage de Uala. — La profondeur de l'eau n'a pas varié d'une manière très-notable en approchant des îles Belep. Nous sommes allés à l'île principale, au mouillage de Uala, dans l'île de Art, qui est l'avant-dernière en remontant vers le Nord. On reconnaîtra ce mouillage sur la côte occidentale de l'île, parce que de loin la pointe N. O. de la baie semble un îlot détaché de la terre principale.

M. de Ricaudy a fait un croquis de ce mouillage qu'il a sondé lui-même. Il y a lieu de supposer que la plupart des îles de cet archipel offrent des mouillages convenables pour attendre que la force du vent soit calmée ou qu'il change de direction. Le plan de M. de Ricaudy n'existant plus, nous le remplaçons ici par celui que nous avons levé en 1863 (1).

On nous a dit cependant que l'île le plus au Nord, l'île Poté, n'offrait pas d'ancrage. Le grand récif extérieur de la côte occidentale de la Nouvelle-Calédonie, qui touche pour ainsi dire à cette dernière, diminue d'étendue en largeur jusqu'à la passe de Iandé, où il est très-peu large.

Récif au-delà de l'archipel Belep. — Au-delà des îles Belep, vers le Nord, le récif intérieur n'est pas connu. Les naturels n'ont jamais vu revenir les pirogues qui ont été entraînées dans cet espace de mer ; ils prétendent qu'ils ont vu dans les beaux temps des lueurs dans le ciel qui indiquaient le voisinage d'autres îles habitées. Est-ce l'île de la Surprise dont ils veulent parler?

Les seuls renseignements que l'on possède sur cette partie extrême des récifs sont ceux que nous ont laissés l'amiral Bruny d'Entrecasteaux, le capitaine Bond et le commandant Dumont-d'Urville. Nous avons donné, page 4, l'analyse de la relation de ces derniers; nous lisons dans le rapport du premier : « Le 30 juin 1792, nous aperçûmes dans l'Est quelques îles qui paraissaient terminer l'archipel. Ce sont ces îles que d'Entrecasteaux a nommées Reconnaissance (Iandé), Lebert (Art). La diminution graduelle de ces

---

(1) Voir la planche de la page 51.

terres semblait faire admettre que, vers le Nord et à grand(
distance, il y avait des hauts-fonds qui devaient gêner l
navigation. A 3 heures de l'après-midi, ne nous trouvan
qu'à 1 ou 2 milles des récifs, on commença à remarquei
qu'ils étaient détachés, et bientôt on n'en vit plus ni d
l'avant ni au vent. Nous nous trouvions alors par 19° 30′ S.,
ou quelques minutes plus au Nord que l'extrémité du récil
reconnue par Cook. Nous croyions avoir atteint l'extrémité Nord des brisants, mais notre satisfaction ne fut pas de
longue durée, car les vigies annoncèrent d'autres brisants
de l'avant. La nuit ne nous permit pas de les examiner. Dans
la matinée du 1ᵉʳ juillet, nous les avions à 6 milles, et à
deux heures on vit du haut des mâts de nouveaux brisants
qui entouraient une petite île que la nuit nous empêcha
encore de reconnaître. Nous fûmes portés de 18′ dans l'Ouest
pendant la nuit par les courants, et nous avions une forte
houle et une mer clapoteuse qui annonçait une coupure
dans le récif. Le matin on revit les brisants se diriger au
Nord à 10 ou 11 lieues jusqu'à trois rochers remarquables,
dont le plus Nord était par 17° 57′ 25″ S., 160° 21′ E. »

Le même dit : « Le 11 mai 1793, étant par 18° 52′ S., nous
croyions avoir doublé l'extrémité Nord des récifs à cause de
la violence des courants qui nous portaient dans l'Ouest,
et qui faisaient un grand bruit, lorsque le 12, à 6 heures
du matin, on aperçut une île à laquelle on donna le nom
de l'île SURPRISE. A 6 milles en avant de cette île basse,
n'ayant pas plus de 3 milles de circonférence et recouverte
de très-petits arbustes, il y avait des récifs qui, avec ceux
que nous avions doublés, formaient un passage de 21 milles
environ, correspondant avec celui cité plus haut que nous
avions observé en 1792. A partir de l'île Surprise, le récif,
qui dans sa partie Ouest allait sans interruption jusqu'à
l'île HUON, formait dans sa partie Nord une suite de courbes
rentrantes et une espèce de grande baie dans laquelle nous
craignîmes que le courant ne nous fît engager (1).

Ile Iandé. — L'île de Iandé est une île élevée et

______

(1) Voyage de d'Entrecasteaux, tome I, page 364.

taillée à pic du côté de l'Est; au contraire, elle est en pente douce du côté de l'Ouest, où sont les plantations et les habitants.

Passe de Iandé. —La passe de Iandé fait face à la côte de l'île ; elle est large et suffisamment profonde. On dit que, suivant l'heure de la marée, on y a éprouvé un courant souvent très-violent.

Quand on vient du large, l'île de Iandé est très-reconnaissable à un piton conique qui se trouve sur la crête N. O. de l'île. Il y a aussi plusieurs blocs de corail échoués sur le récif avant d'arriver à l'entrée. Le récif extérieur fait, du reste, un coude si brusque vers l'Ouest, à l'endroit même de la passe, qu'il est impossible de s'y méprendre.

Ile Neba. — L'île Neba est plate et beaucoup plus basse que Iandé. Nous avons fait route par l'Ouest de Iandé; rien ne nous engage à croire qu'il y ait quelque inconvénient à passer à l'Est (1). C'est au Sud de Neba que se trouve la passe par laquelle le navire anglais *Havannah* est entré dans les récifs.

LA COTE. — Depuis Iandé jusqu'à la passe du Duroc par 21°, la côte N. O. a été visitée par *le Duroc ;* le reste de la côte, jusqu'à Port-de-France, a été visité très-rapidement par *le Styx :* malgré l'imperfection de remarques faites, pour ainsi dire, en courant, nous allons les présenter telles quelles.

Lorsqu'on a pris le large par la passe de Iandé, si on prolonge le **récif extérieur** à petite distance en allant vers le Sud, on reconnaît que cette barrière, bien que ce soit une succession de lignes brisées comme les dents d'une crémaillère, est à peu près une ligne parallèle à la côte. Quelques blocs de corail ou rochers sont échoués sur le récif, à quelques milles dans le Sud de la passe de Iandé ; ils pourraient être de quelque secours pour reconnaître sa position dans le cas où les terres et les îles de la Calédonie seraient voilées. Nous avons dit que Iandé était une île

(1) Le passage est sain et les fonds sont réguliers à l'Est de Iandé, ainsi qu'à l'Est et à l'Ouest de l'île Neba.

élevée, reconnaissable à un pic conique qui se trouve dans la partie N. O. de l'île ; elle est au N. N. E. de la passe. L'île Neba, qui vient ensuite, est plate et peu élevée.

L'île Tanlep est peu élevée.

L'extrémité N. O. de la Nouvelle-Calédonie, au-delà de la ligne qui joindrait Neué à l'île Pam, n'offre plus que des collines en pente douce peu élevées et peu boisées. Les côtes en sont assez découpées, les îles nombreuses situées aux environs nous ont semblé offrir de bons abris. L'intérieur des récifs, du côté de l'Ouest, nous a paru à peu près exempt de dangers. Cette partie de la Nouvelle-Calédonie, trop peu connue, offre les avantages suivants : trois bonnes passes entre Iandé et le cap Tonnerre, abri entre les îles, baie de Neué bordée de plaines immenses, facilité de communication par terre avec l'embouchure du Biahot, qui n'est pas encore guéable à 45 milles au-dessus de son embouchure, etc., etc.

Cap Tonnerre. — Le cap Tonnerre est un promontoire très-élevé, en arrière duquel se trouve un plateau avec deux sommets formant une table bien marquée, ces sommets paraissant d'une même hauteur.

Baie Neué. — D'après le croquis laissé par *le Duroc*, il y a sous le cap Tonnerre, dans le N. E. de ce cap, à l'embouchure de la rivière de **Kennac**, un bon ancrage pour les navires. Ce mouillage se nomme la baie de *Neué* (1).

Cap Deverd. — Le cap Deverd, qu'on voit ensuite en prolongeant la côte, est remarquable à cause d'un sommet pointu qui se trouve sur le massif des montagnes qui forme le cap. Sur le parallèle du cap Deverd, il y a, dit-on, une passe, mais elle n'a pas été explorée. Auprès de la passe et du côté S. E. en dedans du récif, il y a un îlot boisé.

---

(1) Nous avons passé 24 heures dans cette baie, qui est vaste et profonde, mais ne nous a pas paru exempte de récifs, et de bas-fonds. Elle mériterait une exploration spéciale; aussi bien au point de vue hydrographique que par rapport aux plaines de belle apparence qui la bordent.

Passe du Duroc. — Arrivé au 21° de latitude, on trouve la passe du Duroc. C'est là que ce bâtiment sortit du récif en dedans duquel il avait toujours fait route depuis l'île Tiao à la pointe Nord de l'archipel des Paaba. La profondeur de l'eau dans la route qu'il a suivie est descendue quelquefois jusqu'à **5 mètres**, et bien souvent elle a été de **6 à 7 mètres**, ce qui porte à penser que, jusqu'à ce que l'hydrographie en ait été faite, ce sera une route délicate à suivre, sinon impraticable, pour la plupart des bâtiments. A la passe du Duroc, le récif qui entoure la Nouvelle-Calédonie se rapproche considérablement de la terre. La passe elle-même est une espèce d'entonnoir de $\frac{1}{2}$ mille de longueur avec un grand fond. Après la passe du Duroc, à l'entrée de laquelle *le Styx* est allé et qui m'a semblé d'une belle largeur, on trouve la passe ou plutôt les passes de *Konei* et de *Puembut*.

Passes de Konei et Puembut. — Dans cet espace, le récif extérieur court à peu près N. O. sans faire de nombreux crochets. Au Nord de la passe du Duroc, il prend une direction beaucoup plus rapprochée de l'Ouest que le N. O. La côte de la Nouvelle-Calédonie, vue du large, paraît tout à fait abaissée entre **Konei** et **Puembut;** les montagnes ne sont plus que d'une hauteur modérée. Cette seule particularité ferait reconnaître qu'on est vis-à-vis de cette partie de la côte. On voit au fond de la plaine les montagnes qui avoisinent Wagap et le cap Tuho. Il y a près de la côte une île montueuse que je désignerai sous le nom de l'île de Direction (île **Konie** de la carte), parce qu'elle présente cette particularité qu'elle a deux sommets visibles quand on est hors de la direction de la passe, et qu'un troisième sommet se montre entre les deux premiers quand on est dans la direction de la passe. On relève alors les trois pitons au N. 62° E.

Ile Direction. — Dans la passe que nous avons suivie, nous avons laissé à bâbord un large pâté de corail, puis nous avons contourné un très-grand plateau que nous avons aussi laissé à bâbord. Nous avions le cap à peu près sur l'île de Direction; je dis à peu près, parce qu'on doit avoir égard au plateau de corail, qu'on rangerait de trop près si on mettait le cap sur l'île.

A peine en dedans de la passe , on a des fonds modérés sur un fond de vase; ¡la profondeur de l'eau diminue graduellement jusqu'à n'être plus que de **6 mètres** et même **5 mètres** aux approches de l'île, à l'abri de laquelle on peut se placer.

Mouillage sous l'île Direction. — Nous n'avons pas eu le temps de sonder cette partie du récif, mais tout porte à croire qu'il offrira un bon ancrage. L'île de Direction est habitée par 250 à 300 indigènes pêcheurs; il y a sur l'île assez d'eau douce pour cette population. L'île de Direction est à l'embouchure même et sur la rive gauche de la rivière de Puembut. De notre mouillage, par **8 mètres**, nous relevions la pointe de l'île au S. 48° E. du compas.

Ile des Contrariétés. Passe de Uamoeo. — Au Sud de la grande plaine, où les rivières de Konei et de Puembut se déploient chacune dans un parcours d'une douzaine de milles au moins, les terres de la Nouvelle-Calédonie reprennent leur grande élévation. Le grand récif semble se rapprocher de la côte; parvenu à une dizaine de milles de l'île des *Contrariétés,* îlot boisé qui fait partie du récif extérieur lui même, on trouve la passe *Uamoeo.* Elle est située à l'extrémité saillante du crochet très-prononcé du récif, à une douzaine de milles des îles qui sont proches de la côte ferme.

A en juger par la couleur des eaux en dedans de la passe, on serait peu tenté d'y supposer un chenal pour gagner les îles; il y en a un cependant. Une fois qu'on est engagé dans la passe, on vient sur tribord pour éviter les petits fonds en pente douce du côté de bâbord. Gouvernant alors sur l'île **Grimoult,** qui est la plus au Nord, on traverse un espace où les pâtés de coraux sont assez nombreux et le fond inégal, le plus souvent de **9 mètres**, mais quelquefois de **7 mètres**. On voit bientôt un **banc de sable** qu'on laisse à bâbord en lui donnant le tour convenable; au-delà de ce banc, le fond devient **vaseux** au lieu d'être de corail, et la profondeur de l'eau est notablement plus grande. On gouverne pour passer au nord de l'île Grimoult ; la profondeur de l'eau diminue graduellement de **20 mètres** à **14** et à **12 mètres** quand on est derrière l'île à l'abri des vents de S. E.

Mouillage de Mueo. — Il y avait sur l'île, en face de notre mouillage, des cases de pêcheurs européens. Il y a deux petites rivières qui se déchargent dans la baie de Mueo.

On a sondé la passe et la route suivie pour arriver au mouillage.

Grand Récif. — Entre la passe de Uamoeo et celle de Burai, qui vient après, on trouve, comme nous l'avons dit, à une douzaine de milles, l'île des Contrariétés (c'est un banc de sable couvert de broussailles). Le récif lui-même, dans toute son étendue présente, plusieurs parties saillantes et se rapproche de plus en plus de la côte. Arrivé à la passe de Burai, il en est tout à fait rapproché.

Ile de Sable. — On pourra reconnaître qu'on est devant la passe de Burai en voyant une longue île plate qui est au Sud de l'entrée. Cette île est sans doute l'*île de Sable* indiquée sur la carte d'Entrecasteaux. Elle ne touche pas au récif en dedans duquel elle se trouve.

On distingue aussi sur la côte, près de cette île, un pin isolé de tous les autres.

Passe de Burai. — La passe est très-large et placée dans un rentrant très-prononcé du récif. En approchant on distingue devant soi d'assez beaux bouquets de pins, un entre autres, au pied duquel est une jolie plage de sable blanc. A l'extrémité Sud de cette plage il y a une roche percée. La passe court Nord et Sud. Quand on est près de la plage blanche, il faut se décider à prendre mouillage soit au N. O., soit au S. E.

Le fond est également bon des deux côtés ; il est de vase ;

nous n'avons eu le fond avec la sonde à main qu'en dedans de l'entrée ; les sondes diminuèrent graduellement jusque auprès de terre , où il y avait encore assez d'eau pour *le Styx ;* nous avons laissé tomber l'ancre par **12 mètres** du côté du N. O.

Mouillage de Buraï. — Malgré cela, je crois que le mouillage du S. E. serait le meilleur. C'est de ce côté que se trouve l'embouchure d'une jolie rivière que j'ai remontée à quelques milles. Toutes les terres voisines de ce cours d'eau étaient bien cultivées. En somme, Buraï est un mouillage de belle saison et d'un accès facile ; il vaut toujours mieux fréquenter la côte du Sud en entrant que le côté opposé ; le premier paraît net, pendant que l'autre est découpé en pâtés. Il y a un petit établissement de pêcheurs de biches de mer dans le N. O. de l'ancrage. Le **récif extérieur** ne présente rien de particulier entre la passe de Buraï et celle de Uraï, qui est la plus rapprochée au Sud.

Cap Goulvain. — La côte présente, il est vrai, un cap assez prononcé, le cap Goulvain ; mais le reste de la côte ne diffère pas des autres parties de la Nouvelle-Calédonie.

CHAPITRE VI.

DE URAI A NUMÉA.

Passage de Uraï (Grémoult, capitaine du *Styx*). — La passe de Urai est bien reconnaissable en ce que, à 1 mille à peu près de cette passe, du côté du Sud, on trouve un îlot de sable avec quelques broussailles (**Ndigoro** de la carte). Quand on viendra du large, on viendra relever au N. 8° 30′ E. une montagne ayant la forme de table un peu inclinée au Sud (**Table Unio**). En se dirigeant suivant ce relèvement, on aura le cap sur la passe de Uraï.

Mouillage de Uraï. — Une fois en dedans, on mettra le cap sur l'île **Le Bris**, qui semble un gros morne de la grande terre. On contournera ainsi le récif de bâbord en entrant, et on laissera l'île Le Bris et le récif qui en dépend à tribord, à petite distance, à cause de la pointe avancée d'un banc qui part de l'accore intérieur du grand récif. On remontera au Nord pour atteindre le mouillage à l'embouchure des deux petites rivières, derrière la première pointe qu'on a devant soi.

Le fond est assez grand jusqu'à ce qu'on ait dépassé l'île Le Bris et l'îlot qui en est proche; ensuite les sondes vont en diminuant.

Il faudra donner un contour à la pointe du mouillage; il y a des pâtés de corail auprès de cette pointe.

Le Styx a passé par 5 mètres, quand il aurait pu, en s'écartant un peu, trouver 8 et 9 mètres d'eau. Sur la pointe de gauche de la baie, il y a un village de pêcheurs.

Nous relevions :

L'île de la Passe, au .... S.   3° O.
Le village, au............... N. 13° O.
La pointe de droite, au .... S. 18° E.

Nous avions 8 mètres, vase.

A gauche du village est l'embouchure d'une rivière qu'on peut remonter à plusieurs milles. D'autres cours d'eau peu importants se déversent dans la baie.

Il y a vers l'Ouest et le N. O. des îlots auprès desquels on trouvera peut-être un meilleur abri que dans la baie où nous avons jeté l'ancre (1).

Grand Récif. — Depuis Uraï jusqu'à la passe du Duroc, le grand Récif occupe tout l'espace compris entre son bord extérieur et la grande terre, de sorte que les petites embarcations et les pirogues des naturels ne peuvent y naviguer que pendant les heures où la marée fournit la hauteur d'eau nécessaire.

Route intérieure. — A partir de Uraï, en allant vers le Sud, il y a en dedans du récif un chenal que nous avons suivi, et dans lequel nous avons trouvé au moins 6 mètres d'eau.

Arrivé à l'Ouest de l'île Le Bris, comme si on voulait sortir de la passe de Uraï, on viendra sur bâbord pour se rapprocher de l'île *Kandabu ;* on peut passer à l'Est ou à l'Ouest de cette île. Je préfère le chenal de l'Ouest à cause de la plus grande profondeur de l'eau et la plus grande régularité des sondes. Cet îlot Kandabu est de sable avec des broussailles ; il est entouré d'un plateau de corail assez

---

(1) La baie d'*Uraï* est fermée à l'Ouest par le grand Récif, dont la largeur est considérable dans cette partie. A l'O. S. O. du mouillage on voit deux îles d'une médiocre élévation, présentant des mornes en pentes douces déboisés et couverts d'herbe. La première est sur l'accore intérieur du récif, il y a 9 mètres d'eau au pied, la seconde est à moins de 1 mille l'Ouest. On ne se procure que très-difficilement de l'eau douce à Uraï.

étendu qui se prolonge sous l'eau assez loin du côté de la grande terre.

Ile Montravel. — On passera ensuite entre l'île Testard et la grosse pointe. Il nous est arrivé de mouiller à l'abri de cette île pendant une forte brise de S. E. De là on gouvernera pour passer à l'Ouest de la chaîne des îles Montravel jusqu'à ce qu'on soit parvenu à la hauteur de la première de ces îles ; du côté du Nord, on devra s'avancer avec précaution ; il y a des inégalités de fond assez grandes ; il nous est arrivé de ne pas trouver tout à fait **6 mètres**.

Passe de Saint-Vincent. — On arrivera bientôt à l'île Leprédour qui est bordée par un récif ; on verra alors à tribord l'île de la passe de Saint-Vincent (**Tenia** de la carte) ; elle est couverte de broussailles ; on aura à bâbord le chenal qui conduit au mouillage de Saint-Vincent en arrière de l'île Ducos.

Entre la passe d'Uraï et celle de Saint-Vincent, on rencontre la **passe d'Isie** (prononcer Issié). Cette dernière est saine et exempte de dangers ; elle est très-peu fréquentée, par la raison qu'elle est moins directe que les deux autres pour se rendre à Uraï ou à Saint-Vincent, ou pour en sortir.

BAIE DE SAINT-VINCENT. — Cette baie, située à 22 milles au N. O. de Numéa, est un vaste bassin formé par un renfoncement de la côte et parsemé d'îles nombreuses, dont les trois principales, *Leprédour, Ducos* et *Hugon*, l'abritent de la mer et des vents du large par le fait de leur situation extérieure. Le plan français n° 2256 et les cartes n°ˢ 1905 et 1915 seront les meilleurs guides du navigateur, aussi n'ajouterons-nous que quelques mots relativement à l'aspect du pays et aux passes d'entrée et de sortie.

Les îles de la baie Saint-Vincent sont hautes, accidentées, généralement peu boisées et d'une teinte assez claire ; vues du S. O., elles se détachent d'une manière assez nette sur les montagnes de l'intérieur, très-élevées et de couleur foncée, qui en sont séparées par toute la largeur de la baie, plus celle de la belle plaine de Saint-Vincent. Cette plaine, d'une forme très-irrégulière, est bien boisée dans certaines parties, assez fortement ondulée, coupée par des mornes à pentes douces généralement dénudées, et se termine vers la mer par des terres alluvionnaires et des palétuviers. Les deux grandes rivières de la Tontuta et du Ouenghi et celles de la baie de Déama semblent avoir apporté des attérissements considérables, qui auraient envahi tout le N. E. de la grande baie, et fini par mettre en terre ferme les îles les plus intérieures. Les mornes rocheux, en tout semblables par leur forme et leur végétation aux îles de la rade, et qui surgissent isolément au milieu des terres grasses et unies du bas de la plaine, ne sauraient laisser de doutes à cet égard. Des bancs de vase très-étendus et peu couverts remplissent en partie les baies de Déama, du Ouenghi et de la Tamoa, et restreignent l'étendue du mouillage dans la baie du Nord et dans la baie centrale. Le fond augmente régulièrement à mesure qu'on s'éloigne de terre.

La première exploration sérieuse de cette grande baie fut faite en 1854 par M. de Montravel, commandant de *la Constantine*, qui donna le nom de Saint-Vincent à la baie du Nord, dans laquelle il pénétra par la passe de l'île Tenia, et celui de golfe Saint-Denis à toute la partie située au Sud des îles Ducos et Parseval, partie qu'il n'eut pas le temps d'explorer. Aujourd'hui le nom de Saint-Vincent s'étend à toute la baie, et les établissements agricoles en cours d'exploitation sont groupés aux environs de la Tontuta, cours d'eau qui descend du Humboldt, et que de nombreux affluents rendent considérable et très-dangereux par ses inondations dans la saison des pluies.

Passes. — L'avertissement mis en tête du plan 2256 donne les indications nécessaires pour entrer à Saint-Vincent par la passe du même nom, ou par la passe de Uitoë.

Selon M. de Montravel, de la relation duquel nous extrayons ce qui suit, la passe de Saint-Vincent est une ouverture de 1,400 mètres à 1,500 mètres de largeur du

S. E. au N. O., formée au Nord par le grand récif, suivant une ligne E. N. E. et O. S. O. de plus de 3,000 mètres de longueur ; au Sud par l'autre partie du récif terminée en pointe d'une largeur de 500 à 600 mètres.

Entièrement saine et exempte de tout danger, cette passe a une profondeur de **80 mètres** d'eau en son milieu et à peu près la même à son accore du Nord ; mais à la pointe du récif du Sud, on trouve à le toucher de **40 à 30 mètres** d'eau.

Courants. — « Le courant, dans la passe de Saint-Vincent, paraît toujours porter à l'O. S. O. avec une vitesse de 1 mille à 1 mille $\frac{1}{2}$, et cette direction ne serait modifiée que par les grandes brises de S. E. et de S. S. E., avec lesquelles le courant portait au N. O. et au N. N. O., avec une vitesse de 2 à 3 milles sur le côté Nord de la passe, côté d'autant plus dangereux qu'il n'y a pas possibilité d'y mouiller, et que la mer y déferle avec grande violence. Il y a dans ces circonstances un clapotis extraordinaire dans la passe. »

La passe de Saint-Vincent est très-reconnaissable par l'îlot de sable boisé **Tenia**, qui par sa position et son étendue empêcheront de la confondre avec toute autre.

La **passe de Uitoë** a de 1,500 à 1,600 mètres de largeur ; son gisement est N. N. O. et S. S. E., et l'on y trouve **25 mètres** de fond. On relève de cette passe **Karikate** au N. 50° E., **Titema** au N. 65° 20′ E. par la corne Est de **Mu**.

Route intérieure. — Les cartes n°s 1905 et 1915 de M. Bouquet de la Grye donneront les meilleures indications possibles pour la route intérieure entre Numéa et Saint-Vincent. Entre la passe de Uitoë et l'île Mathieu, il n'y a pas de passage au Sud des Champignons, qui sont reliés au grand récif. On peut les ranger d'assez près du côté du Nord.

, **PORT UITOE** (1). — A l'Est de la pointe Mathieu, la

---

(1) Montravel, commandant *la Constantine*.

côte est de moyenne hauteur et forme, en avant des hautes montagnes de l'intérieur, un rideau peu accidenté, sur lequel on ne voit d'autre point saillant que le piton Karikate, à l'Ouest duquel on remarque un enfoncement auquel on a donné le nom de port **Uitoë** et dans lequel on a une bonne tenue sur des fonds de sable de 7 à 10 mètres. Les petits îlots **Mbo, Abu** et **Moro** réunis par un récif et qui gisent E. S. E. et O. N. O., le ferment presque complétement au Sud. La plage du fond offre l'inconvénient d'un accostage difficile. Ce port est dépourvu d'aiguade et il a une sortie pour les embarcations vers Saint-Vincent.

LE PORT LAGUERRE, situé à 7 milles dans le N. O. du port de Numéa, est formé par l'îlot **Te Ndu** (Jeanne-d'Arc) à l'Ouest, par la côte de Calédonie à l'Est, et par deux embouchures de rivière au Nord. Il présente son entrée, de 3,000 mètres de largeur, au Sud, et les vents de cette partie sont les seuls qu'il y ait à craindre.

« Devant la pointe Sud de l'îlot **Te Ndu** il y a 3 câbles $\frac{1}{2}$ au S. E., une tête de roche à l'accore de laquelle on a **4 mètres** à l'Est et plus d'eau au Sud. Il y a 4 à 7 mètres d'eau entre la roche et l'île du côté de l'île, mais moins d'eau du côté de la roche qui ne brise pas toujours, mais marque en tout temps par un changement dans la couleur de l'eau. On en passera dans l'Est en tenant le piton situé sur la grosse pointe qui sépare les embouchures des deux rivières au Nord du N. 4° E.

« D'un diamètre moyen de 3,000 mètres, ce port offre bon mouillage en toutes ses parties; mais le meilleur sera, dans le triangle formé par les trois pointes des deux rivières par **7** à **10 mètres**, fond de vase. On sera ainsi placé à l'embouchure de la plus importante de ces deux rivières, celle du N. E. »

CHAPITRE VII.

ILES LOYALTY.

(Extrait du rapport de M. JOUAN, *lieutenant de vaisseau.)*

—

Positions. — Deux montres réglées à Numéa, au moment du départ, et s'accordant à la minute, ont donné pour les points les plus saillants des îles Loyalty les mêmes positions en longitude que celles qu'elles occupent sur la carte n° 1538 du Dépôt général de la marine (1). La carte n° 1089 (*Expédition au pôle Sud*, Dumont d'Urville) les place 7' ou 8' plus à l'Est.

Maré (*Britannia,* carte n° 1089). — *La Bonite* n'a pas touché à Maré, elle s'est seulement approchée à petite distance de la côte occidentale qui paraît être saine. A peu près au milieu est le cap Desgras, grosse terre remarquable, disposée en forme de table, comme les différents plateaux du reste de l'île, mais plus élevée et couverte de sapins. On m'a dit que dans le Nord de ce cap, dans un rentrant de la côte, il y a un mouillage de beau temps, mais les navires qui communiquent avec la station des missionnaires anglais, placée en cet endroit, restent ordinairement sous voiles. On m'a assuré aussi que le mouillage indiqué dans le Nord de l'île ne valait guère mieux.

---

(1) Cette carte étant supprimée , voir la carte n° 2038.

Ile Hamelin. — Nous nous sommes à plusieurs reprises approchés à 1 mille de la petite île Hamelin qui est à moitié chemin entre Maré et Lifu, sans y voir aucun danger. La mer brise avec force sur le bord qui est escarpé.

Lifu (*Chabrol*, carte n° 1089). — Lifu se présente de loin comme une suite de plateaux horizontaux à peu près de même hauteur. Cette disposition se retrouve, du reste, à Maré et sur une partie d'Uvéa.

Pointe Sud. — Au Sud de Lifu il y a deux pointes avancées; celle qui est le plus à l'Est (cap Deflotte) est une pointe basse allongée au bout de laquelle la mer brise. Elle est attachée à un terrain escarpé, coupé presque à pic, de sorte que, d'un peu loin on ne voit pas cette pointe basse, mais seulement la falaise de laquelle elle se projette.

Cap des Pins. — Dans la direction N. E. du cap Deflotte, on aperçoit le cap des Pins, presqu'île boisée attachée à l'île par un isthme plus bas, de sorte que, de loin, ce cap paraît comme un îlot. L'autre pointe du Sud ressemble au cap Deflotte, mais s'avance moins. La mer brise partout à terre dans l'enfoncement qui les sépare.

Cote Ouest de Lifu. — Nous avons suivi toute la côte Ouest de Lifu, depuis la pointe du Sud jusqu'au golfe du Sandal, à une distance de moins de 1 mille, donnant seulement un peu de tour aux pointes, sans apercevoir aucun danger. Presque partout le rivage est un escarpement à pic.

Anse du Sud-Ouest. — A 6 milles environ dans le N. O. de la pointe Sud, la côte s'enfonce pour former une anse demi-circulaire de 2 à 3 milles de diamètre, limitée par deux gros caps, dont celui du Sud est couvert de sapins. Du large, ces deux caps se distinguent très-bien : on dirait l'entrée d'une baie profonde; aussi arrive-t-il quelquefois que des étrangers ayant mal estimé leur position prennent pour le golfe du Sandal cette anse dont la côte est escarpée.

Après le cap Lafond, qui est à 25 milles environ de la pointe Sud de l'île, la côte, dont le gisement était en moyenne S. E. et N. O., se redresse au Nord, de sorte que les trois pointes Lafond, Lefebvre et Aimé-Martin (extrémité N. O. de l'île), sont à peu près sur une même ligne, Nord et Sud. Au Nord du cap Lafond, la côte rentre un peu; on aperçoit une anse avec quelques îlots et rochers épars et de petites plages de sable, devant lesquelles nous avons vu plusieurs pirogues à la pêche. Cette partie de l'île est très-boisée, et, au bord de l'eau, on remarque beaucoup de cocotiers. On croirait aussi voir de place en place des habitations au milieu des arbres, mais avec une lunette, on reconnaît que ce sont des falaises rocailleuses qui paraissent blanches au milieu de la verdure.

Golfe du Sandal. — Le golfe du Sandal (Wide Bay des Anglais) s'ouvre au cap Lefebvre. Il faut donner un peu de tour à cette pointe, d'une élévation médiocre, de laquelle se détachent peut-être à 2 encablures au large, quelques cailloux perdus sur lesquels la mer brise. Dans l'E. N. E. du cap Lefebvre, à une distance de 1 mille $\frac{1}{2}$ à 2 milles, on voit une grosse falaise rocailleuse, aux parois verticales, de couleur blanche rougeâtre et couverte de sapins, sans doute le cap des Pins, du levé de la baie du Sandal de M. Sicard, officier du navire *l'Arche-d'Alliance*. J'ajouterai quelques remarques à ce croquis, qui pourront en faciliter l'usage.

Récif. — Je crois que le récif (banc Selter) qui est à 2 ou 3 milles du cap Lefebvre, est placé sur ce croquis un peu trop en dedans et qu'il est dans l'alignement du cap Lefebvre au gros morne et non dans celui du cap des Pins à ce même morne. Ce dernier est un cap escarpé dans le N. E. q. N. du cap Lefebvre, couvert de sapins, et facile à reconnaître par son gisement et par son aspect différent de l'aspect du reste des terres. Le récif Selter marque peu; quand la brise ordinaire du Sud à l'E. S. E. est fraîche, la mer n'y est guère plus grosse que dans le reste du golfe.

6.

Louvoyage dans le golfe. — Lorsqu'on louvoie, il ne faut pas pousser sa bordée plus loin dans le Nord que l'alignement du morne avec la plage de sable blanc qui est vers l'extrémité N. O. du golfe (marquée *plage habitée* sur le levé de M. Sicard), à cause de quelques pâtés de coraux qui se trouvent dans cette partie ainsi qu'aux alentours du morne. Dans la partie S. E. du golfe, entre les plages de sable de Caïdja, il y a un petit îlot qui se détache de la côte très-escarpée de ce côté; il faut bien veiller les changements de fond; nous avons aperçu des coraux à bonne distance de terre.

Baie du Morne. — M. Grimoult, capitaine du *Styx*, a décrit (*Renseignements nautiques sur la Nouvelle-Calédonie et les îles Loyalty*, 1859) le mouillage de Caïdja ou du Sud. *La Bonite* a mouillé dans la baie du Morne ou d'Ouacho au Nord.

La baie du Morne est un enfoncement peu profond, limité par le morne dans l'Ouest, et dans l'Est par une pointe escarpée qui s'avance un peu plus au Sud que le Morne. A peu près au milieu du demi-cercle décrit par le rivage s'élève au bord de l'eau la Tour, grosse roche noirâtre dont le nom indique bien la forme.

Il y a deux mouillages, l'un dans l'Est et l'autre dans l'Ouest de la Tour. Il faut venir les chercher, la sonde à la main, sous petite voile, parce que l'espace est étroit, qu'on tombe tout à coup sur le fond qui est inégal, et que des pâtés de coraux s'avancent loin de terre, près de laquelle cependant l'eau est généralement profonde. *La Bonite* a mouillé au mouillage de l'Est (Chépéné, nom indigène) par **29 mètres**, sable et corail, relevant au compas (variation : 11° N. E.) le Morne, au S. 84° O. ; la Tour, au N. 26° O.

On est là vis-à-vis de l'église protestante, près de laquelle il est facile de débarquer sur une petite coupure sablonneuse entre les rochers de la côte.

Le mouillage de l'Ouest est le plus près de terre, à l'endroit où se trouve la mission catholique, qu'on ne voit pas

du reste, cachée qu'elle est au milieu des arbres. On dé-
barque à une plage de sable au pied d'un escarpement. Les
petits navires mouillent seuls en cet endroit, où l'on est
beaucoup moins en appareillage qu'au mouillage de l'Est.
La tenue est, dit-on, assez bonne à ce dernier, en ayant
soin d'avoir une longue touée dehors. Des baleiniers y ont
passé des mois entiers, et y ont même étalé des brises
fraîches du S. O. qui amenaient de la mer.

Ressources du golfe du Sandal. — Les ressources qu'offre le golfe de Sandal sont faibles. Les indigènes sont pauvres et cultivent avec beaucoup de peine,
là où il y a un peu de terre végétale, quelques taros et
quelques ignames : la pêche ne donne rien. L'eau douce
est très-rare, ordinairement mauvaise. Les missionnaires
catholiques en ont de bonne dans un puits naturel au fond
d'une dépression remarquable du terrain ; mais comme ce
puits est à une grande distance de la mer et qu'il faut passer par des chemins à peine praticables, eette ressource
est à peu près nulle pour un navire. Trois baleiniers ont
pris dernièrement sept ou huit baleines (*Hump backs*,
bossu) en quelques semaines dans l'intérieur du golfe. On
trouve sur l'île de magnifiques bois de charpente et il y a
encore, dit-on, quelques pieds de sandal.

Récif du N. O. de Lifu. — A 3 milles dans le N. O.
de la pointe N. O. de Lifu se trouve un récif entre lequel
et la terre il y a un passage ; il faut rallier l'île. Ce récif
marque bien, il s'étend du S. E. au N. O. sur une longueur
de 2 milles. Nous avons rangé de près son côté Nord. Il se
compose de deux plateaux ovales, séparés par une coupure de $\frac{1}{2}$ mille qui m'a paru libre de dangers ; quoiqu'il
soit peu probable qu'un navire s'y engage jamais, je re-
grette cependant que l'état de la mer n'ait pas permis d'a-
mener un canot pour l'examiner de près.

Uvéa (*Halgan*, carte n° 1089). — Uvéa est une bande
étroite de terre, ou plutôt une suite de plateaux calcaires,
qui s'étend du S. q. S. O. au N. q. N. E. sur une longueur
de 23 milles et une largeur moyenne de 1 mille $\frac{1}{2}$, excepté

dans la partie du Nord, ou de la pointe N. E. à la pointe N. O.; il peut y avoir 7 à 8 milles de distance. Cette bande étroite est légèrement convexe du côté de l'Est. Vers l'Ouest, une chaîne d'îlots, les Pléiades, s'étend en cercle du Nord au Sud de l'île, circonscrivant un lagon de 12 à 15 milles de diamètre dans lequel sont les différents mouillages où conduisent plusieurs passages entre les îlots. Le levé de M. Sicard de *l'Arche - d'Alliance* donne une très-bonne idée de l'ensemble, quoiqu'il y ait peut-être quelques incorrections dans les détails. Le croquis publié par le Dépôt de la marine, sous le n° 1766, a une vue de côte qui représente fidèlement l'aspect des îlots où sont les passes du N. O.; mais sur ce croquis, les distances sont inexactes : ainsi de la passe de la Baleine au village d'Uvéa il y aurait tout au plus 1 mille, tandis qu'en réalité il y en a de 5 à 6.

L'île d'Uvéa est partagée en deux parties inégales, dont la plus petite, au Sud, n'est que le cinquième de l'autre.

Ile Mouli. — La partie Sud forme l'île Mouli (île Badeneu de la carte n° 1538), qui s'étend de l'Est à l'Ouest sur une longueur de 5 milles. Elle pousse au Sud une pointe qu'il ne faut pas accoster, à cause des roches qui s'avancent sous l'eau.

Côte Est d'Uvéa. — Lorsqu'on passe près de terre dans l'Est d'Uvéa, on distingue très-bien la coupée, qui n'est praticable que pour des embarcations. Au milieu est un gros îlot, appelé Lekin, de forme cubique, plat à sa surface supérieure, comme les terres avoisinantes, jusqu'à la pointe Faïaoué (pointe Saint-Hilaire des cartes françaises), qui est à 10 milles plus au Nord.

Pointe Faïaoué. — Cette pointe est escarpée et accompagnée d'une roche isolée en forme de colonne ou d'obélisque.

Cap Gervaise. — Le cap Gervaise des cartes françaises, qui est à peu près à moitié chemin de Lekin à la pointe Faïaoué, n'est pas très-avancé; c'est un massif de grands plateaux abrupts. En continuant vers le Nord, à partir de la pointe Faïaoué, la côte rentre sensiblement pour ressortir à 10 milles plus loin, vers le N. E., où elle se termine par une pointe escarpée (pointe escarpée de la carte n° 1538, pointe habitée de la carte n° 1089). Toute cette partie de la côte est couverte d'arbres, de place en place; on y remarque de petites plages de sable qui rompent l'escarpement général. Il ne faut pas l'accoster à cause d'une ceinture de brisants qui parfois s'avance assez au large.

Côte N. E. d'Uvéa. — A partir de la pointe escarpée, la côte s'infléchit au N. O. q. O. pendant 5 milles, jusqu'à l'extrémité Nord de l'île, le cap Rossel, puis ensuite elle va se terminer au bout de 7 milles dans la direction moyenne de l'O. S. O.

Côte N. O. d'Uvéa. — Cette partie de l'île est plus aride que l'autre, le terrain y est plus tourmenté. C'est *une suite de plateaux interrompus*, entremêlés de pics, de mornes, etc. A 6 milles dans l'O. S. O. du cap Rossel, on voit encore une petite coupée, où peuvent, m'a-t-on dit, passer des pirogues.

Ilots. — Les Pléiades commencent à cette pointe de l'île. Le premier îlot (les îlots se trouvent ainsi numérotés en allant de l'Est à l'Ouest) est un gros massif rocailleux qui, de certaine position, ressemble à une grosse tour dont *la muraille*, du côté de l'Ouest, tomberait en ruine. Il est posé sur un plateau sablonneux qui se relie à la grande terre, de sorte qu'entre elle et lui il n'y a pas de passage.

Passe du N. O. (2ᵉ îlot). La Baleine. — Entre cet îlot et le deuxième, que j'appellerai la Baleine (îlot Isenay du croquis de M. Serindon de la Salle, n° 1766), il n'y a point non plus de passage, si ce n'est pour de petits bateaux, dans la partie de l'Est; partout ailleurs on voit la mer briser sur des récifs. Le deuxième îlot, vu du large, d'une distance de 4 à 5 milles dans le Nord, représente assez bien une baleine montrant son dos avec une partie de sa queue, et levant sa tête hors de l'eau comme font quelquefois ces animaux pour bâiller. La tête est représentée par une grosse roche du côté du S. O., dont le sommet est couvert de broussailles, la partie escarpée d'un blanc rougeâtre ; une teinte plus sombre vers le bas donne l'idée de la gueule du cétacé. Sur la partie plus basse de l'îlot qui représente la queue, il y a quelques arbres et des cocotiers assez écartés les uns des autres.

Troisième îlot. La Tortue. — J'appellerai le troisième îlot la Tortue (îlot Ouesson du croquis de M. Sérindon de la Salle, n° 1766). De la distance où nous avons décrit la Baleine, il a assez l'aspect d'une tortue un peu aplatie, allongeant sa tête hors de sa carapace du côté du S. O., et ses pieds de derrière, en arrière du côté du N. E.

Passe de la Baleine. — Il n'y a que des broussailles et une maigre végétation sur cet îlot : c'est entre lui et le précédent qu'est la passe de la Baleine signalée par M. Grimoult ; sa direction est N. N. O. et S. S. E. : elle est étroite, mais profonde. Les vents régnants y sont presque toujours de bout pour entrer, et elle n'est guère en ce cas praticable que pour des navires de moyenne grandeur, évoluant bien. De plus, il faut se défier de deux pâtés de coraux qui se trouvent au large du côté de la tête de la Baleine, mais qui sont bien indiqués par le changement de couleur de l'eau.

Fausse passe de la Bonite. — J'ai insisté sur les détails qui précèdent, parce que, dans la description que fait M. Grimoult des îlots, il y a un peu de vague ; ainsi il décrit le deuxième îlot comme ressemblant à une baleine ou à une tortue et le troisième îlot comme un rocher plat. Or la qualification de rocher plat s'applique beaucoup mieux au quatrième îlot (îlot Fatouba du croquis n° 1766) qui est, en effet, petit, bas et plat, qu'au troisième îlot qui représente bien une tortue, quand, de 3 ou 4 milles, on le voit au Sud ou au S. S. E. Cette ambiguïté a failli être fatale à *la Bonite* qui se dirigeait entre le troisième et le quatrième îlot sur la foi d'un soi-disant pratique anglais. L'assurance de cet individu, la qualification de rocher plat, l'annotation de passe dangereuse donnée à la passe de la Baleine sur le levé de M. Sicard, tandis que celle qui vient après sur ce plan est libre, m'avaient fait donner entre le troisième et le quatrième îlot dans un canal qui est entièrement barré de coraux dont quelques-uns sont presque à fleur d'eau.

On m'objectera sans nul doute que le numérotage des îlots devait empêcher de commettre cette erreur, mais je répondrai qu'il est difficile de s'entendre sur ce qui doit être compté pour un îlot. Ainsi le premier à la rigueur tient à la grande terre, le quatrième pour beaucoup de personnes ne doit pas être séparé du cinquième. On ne distingue pas toujours bien les séparations, si ce n'est lorsque l'on est en face. De plus, il y a dans l'intérieur du lagon deux gros rochers escarpés qui, vus du large dans certaines positions, paraissent être sur la même ligne que les Pléiades et peuvent être pris pour deux d'entre elles. C'est pour cela que je me suis attaché à décrire les îlots les plus remarquables par leur ressemblance à des objets bien connus des marins.

Cinquième îlot. Ile aux Sapins. — Après le quatrième îlot, à petite distance, il s'en trouve un cinquième plus bas et beaucoup plus long que les autres, que j'appellerai île aux Sapins (îlot Honéguéneck du croquis n° 1766), parce qu'il y a vers son milieu, à égale distance les uns des autres, trois bouquets de pins colonnaires. C'est le seul des îlots aux environs d'Uvéa où il y a des sapins : donc pas moyen de s'y tromper.

Le côté du large de l'île aux Sapins est bordé d'un récif qui s'avance à peu près à 1 encablure ; il est bien indiqué par le changement de couleur de l'eau, et pour peu qu'il y ait de la brise il marque bien. Il y a **20 mètres**, fond de sable, à l'accore de ce récif qui se projette un peu au large de la pointe S. O. de l'île.

Grande passe du N. O. — Un récif pareil existe du côté du large le long de l'îlot qui vient ensuite (îlot Olo du croquis n° 1766), et borde sa pointe N. E., où il y a un caillou isolé, mais posé sur le récif; c'est entre ces deux îlots que se trouve la grande passe du N. O. Elle a près de 1 mille de largeur et une profondeur d'eau de 20 mètres, sable blanc au milieu, et 12 et 10 mètres sur les bords qui sont tout à fait accores. Il faut faire le S. E. q. S. du compas pour enfiler ce goulet qui a $\frac{1}{4}$ ou $\frac{1}{3}$ de mille de longueur. Les courants doivent s'y faire sentir (M. Sicard y indique 3 nœuds de jusant); j'y ai remarqué avec des vents de S. E. joli frais, du clapotis et une petite houle qui pourraient gêner un navire n'évoluant pas bien.

Mauvaises passes entre Olo et Déguala. — La passe qui vient après, entre les îlots Olo et Déguala (du croquis n° 1766), est marquée comme passe praticable sur le levé de M. Sicard. J'y ai trouvé le fond inégal, parsemé de pâtés qui montent brusquement; un petit navire y passerait peut-être, mais s'il était obligé de mouiller, il aurait beaucoup de chances de perdre ses ancres dans les rochers.

Quant aux deux coupures suivantes, entre des îlots dont j'ignore les noms, elles m'ont paru, de la mâture, entièrement barrées par des récifs sur lesquels la mer déferlait.

Le levé de M. Sicard signale d'autres passes dans l'Ouest, je ne les connais pas. Je ne signalerai dans le N. O., comme bonnes passes, que celles que j'ai décrites, celle de la Baleine et la grande passe qui vient immédiatement à l'Ouest de l'île aux Sapins. (Quand on voit ce passage de profil, c'est-à-dire dans le S. O., on dirait qu'il est barré par un récif : ce qui produit cet effet, c'est la queue du petit récif qui borde l'île aux Sapins du côté du large, qui paraît s'allonger jusqu'à l'île Olo; mais quand on s'en approche de manière à voir la passe en face, on s'aperçoit que le récif déborde bien peu au large et qu'elle est bien dégagée.)

Ilots et passes du Sud. — Mais avec les vents régnants du S. S. E. à l'E. S. E., les navires à voiles ayant presque toujours à louvoyer dans ces passes, il vaudrait mieux pour cette classe de bâtiments entrer par les passes du Sud et sortir par celles du N. O. Je suis entré par la coupure où M. Grimoult a conduit *le Styx*, qu'il commandait ; quoiqu'il n'y ait pas à se tromper, j'ajouterai quelques remarques à sa description.

Passe du Styx. — Il faut venir attaquer la pointe Sud de Mouli (qu'il ne faut pas trop accoster, ai-je dit plus haut), puis gouverner à l'O. q. N. O. du compas à $\frac{3}{4}$ de mille de terre ou 1 mille ; après avoir fait 2 milles dans cette direction, on aperçoit un premier îlot allongé, élevé à peu près comme la terre de Mouli et couvert de broussailles. Quelques petits navires ont passé entre Mouli et cet îlot, mais le passage doit être bien étroit, car tout cet espace paraît être un brisant continu.

En courant toujours au même rumb de vent, on ne tarde pas à ouvrir un deuxième îlot, ressemblant au premier qui le cachait à la vue. Il n'y a pas de passage entre les deux.

Rochers noirs. — A 2 milles environ, vers le N. O., est un troisième îlot, plus bas que les deux premiers. Il est joint au deuxième îlot par un récif continu sur lequel se trouvent posés, à égale distance des deux extrémités, deux rochers noirs très-remarquables, qui, de loin, ressemblent à deux pirogues à la voile et en approchant prennent l'aspect de deux grandes embarcations échouées.

C'est entre le troisième et le quatrième îlot qu'est la passe du Styx. Le côté du large du troisième îlot est assez sain, mais du côté de l'Ouest et du N. O. s'avance un récif qui marque bien, et de l'extrémité N. O. duquel se détachent deux petits pâtés bien visibles de la mâture. Le quatrième îlot a, de son côté, un récif dans sa partie Est, lequel est bien visible. Avec vent sous vergue, le cas ordinaire, il y a beau passage entre les deux pour toutes espèces de navires : la mer y est belle. En longeant la partie du troisième îlot qui fait face au S. O., nous avions le cap au N. N. O., et dans la passe nous gouvernions au Nord et au N. q. N. E. Le passage est court et franchi en quelques instants. La sonde nous a donné **18 mètres**, sable et corail, au milieu ; peut-être n'y a-t-il pas autant d'eau : le navire ayant une assez grande vitesse, on n'a pas pu avoir le fond bien exactement.

La grande passe d'Anémata, prise par *l'Arche-d'Alliance*, est plus à l'Ouest ; je ne l'ai pas visitée et personne n'a pu me renseigner à son endroit.

Lagon. — Mission catholique. — A partir de la passe du Styx, traversant le lagon dans la direction du N. N. E., nous avons trouvé **16 mètres**, sable, coquilles et corail brisé. Le fond diminue graduellement en approchant de terre, il n'y a point de dangers, excepté dans la partie Nord, où il ne faut pas dépasser une ligne tirée de la Baleine au village d'Uvéa, où se trouve le principal siége de la mission catholique, dont la situation est indiquée par un petit mondrain arrondi qui domine le niveau général de la terre. Cette partie mal explorée est semée de pâtés de coraux. Du reste, l'eau est très-claire ; presque partout de la mâture, on voit le fond et les dangers seraient visibles. On peut laisser tomber l'ancre partout, mais il faut avoir dehors une très-longue touée. Le fond est une mince couche de sable très-mou qui n'a pas de tenue. Étant mouillé par 8 mètres et appareillant avec presque calme, l'ancre a chassé, une fois les voiles établies, quoiqu'il y eût encore 30 mètres de chaîne à l'écubier.

Mouillage. — Nous avons mouillé dans la partie proprement appelée Uvéa devant la mission, par 7 mètres d'eau, la relevant au N. E. q. N. au compas, à environ 3 milles $\frac{1}{2}$; nous étions à 2 milles de la côte la plus voisine. La mission est reconnaissable à une grande église en construction, présentant vers la mer les pignons de ses trois nefs ; celle du milieu est surmontée d'un petit clocher. La maison du missionnaire et ses dépendances paraissent un peu sur la droite. Un peu plus loin, au Nord, il y a une grande lagune dont l'eau est saumâtre.

Pour nous rendre à Faïaoué (Sandal Wood Wells des Anglais), nous avons fait une dizaine de milles au S. O., par

un fond de 9 mètres, et nous avons mouillé par **8 mètres,**
relevant au S. S. E. du compas la case des chefs, reconnaissable à une grande palissade en bois, la maison de la mission protestante et l'établissement d'un résident anglais,
M. Burns, à environ 2 milles de distance. Ce mouillage est
considéré comme meilleur que celui d'Uvéa.

On m'a cité aussi comme bon le mouillage auprès des
deux gros rochers escarpés qui sont dans le N. O., en
dedans de la ligne des Pléiades, entre l'île aux Sapins et la
Tortue.

Presque dans tout le pourtour du lagon, la côte est plate
et bordée d'une plage de beau sable blanc.

Ressources. — Quoique l'île d'Uvéa ne soit qu'une
agglomération de blocs calcaires comme Lifu, elle est cependant plus riche : il y a plus de terre cultivable. On y
trouve quelques ressources en volailles et en porcs. L'eau
potable y est rare : le seul puits qui en donne de bonne
est près du village de Faïaoué, mais assez loin du bord de
la mer.

Courants. — En sortant d'Uvéa par la grande passe
du N. O. et louvoyant par une fraîche brise de S. E. pour
remonter le canal qui sépare cette île de Lifu, nous avons
trouvé la mer très-grosse et très-battue pour le vent qu'il
faisait. J'attribue cet effet à un fort courant portant au
S. E.; sans cela je ne m'expliquerais pas notre progrès dans
le vent. Nous avions remarqué le même effet durant les
nuits que nous avons passées au large dans le N. E. d'Uvéa,
et pendant lesquelles le navire se maintenait avec une voilure très-réduite.

A bord de *la Bonite,* octobre 1860.

Le lieutenant de vaisseau, capitaine,

Signé JOUAN.

Entre les récifs de l'Astrolabe et la côte N. E. de la Nouvelle-Calédonie, M. le lieutenant de vaisseau Hardy, capitaine de *la Gazelle*, a signalé un brisant très-dangereux qui se trouverait à environ 40 milles au N. E. de Yenghen. Ce danger a été aperçu de mauvais temps, et l'état de l'atmosphère n'a pas permis d'en déterminer la position par des observations astronomiques.

FIN.

INDEX ALPHABÉTIQUE.

FIN DE L'INDEX ALPHABÉTIQUE.

LIBRAIRES

CHARGÉS DE LA VENTE DES PUBLICATIONS

Du Dépôt des cartes et plans de la Marine.

PARIS, les Colonies et l'Étranger. — Bossange, quai Voltaire, 25.

DUNKERQUE. — Mme Théry.

DIEPPE. — Quesnel.

FÉCAMP. — Mlle Garnier.

LE HAVRE. — Debrie.

ROUEN. — A. Le Brument.

HONFLEUR. — Mlle Caillot.

CAEN. — Mme Capitaine.

CHERBOURG. — Le Poittevin.

GRANVILLE. — Mme Seyty, née Grimbot.

SAINT-MALO. — Vincent Coni.

SAINT-SERVAN — Mme Laurent-Huet.

SAINT-BRIEUC. — L. Prudhomme

BREST. — Lefournier frères.

LORIENT. — Mme Tiret.

NANTES. — Mme Véloppé.

SAINT-NAZAIRE. — Fétu.

LA ROCHELLE. — Gout.

ROCHEFORT. — Valet.

BORDEAUX. — Chaumas Gayet.

BAYONNE. — Cazals.

CETTE. — Alexandre Martin fils.

MARSEILLE. — Trabaud.

TOULON. — Rumèbe.

ALGER. — Bastide.

www.ingramcontent.com/pod-product-compliance
Ingram Content Group UK Ltd.
Pitfield, Milton Keynes, MK11 3LW, UK
UKHW021636170726
13836UKWH00005B/2226